Attilio Mordini

Volver a la ascesis

Cristianismo y Tradición

Estudio preliminar por
Lucas Carena

Postfacio y anotaciones por
Aldo La Fata

Hipérbola Janus

Volver a la ascesis
Cristianismo y Tradición

Primera edición: octubre 2025
Ejemplar impreso bajo demanda.

ISBN: 978-1-961928-34-3 (Tapa blanda)

Copyright © Hipérbola Janus, 2025
Copyright de la traducción © Ángel Fernández Fernández, 2025

Obra original:
Attilio Mordini, *Il corriere metapolitico: Speciale Attilio Mordini. Saggi ed articoli.*, Roma: Aldo La Fata (Ed.), 2024

Hipérbola Janus
hiperbolajanus.com | info@hiperbolajanus.com | @HiperbolaJanus

Todos los derechos reservados. No se permite la reproducción total o parcial de este libro sin la autorización previa y por escrito de los titulares del copyright. Este libro se ha desarrollado íntegramente con software libre de código abierto. «Hipérbola Janus» es un sello editorial de Quixotic Spirit Books LLC (NM, USA – quixoticspirit.com).

Índice general

Attilio Mordini: el último gibelino		
	Estudio preliminar, por Lucas Carena	v
I	Volver a la Ascesis	1
II	El saludo de la salvación	47
III	La unidad de la catedral	59
IV	Por una metafísica del espectáculo	63
V	Tradición y Revelación	101
VI	Acción aristocrática	113
VII	El arco en el cielo	119
VIII	Sentido de Roma	131
IX	El coro del Mediterráneo	137
El Oriente de Ascesis: la Metapolítica de Francisco		
	Postfacio, por Aldo La Fata	149
Biografía de Attilio Mordini		159

Attilio Mordini: el último gibelino

— Estudio preliminar —

Por Lucas Carena

Cuando Ángel Fernández y Miguel Ángel Sánchez me honraron con la dicha de ofrecerme ser quien prologue y redacte el estudio preliminar sobre la valiosa obra que el lector tiene en sus manos, no sólo no dudé en aceptar, sino que lo tomé como un trabajo ímprobo y riguroso. Y ello así, no sólo porque se trata de un autor que me ha inspirado de manera profusa, tanto en el ámbito de la teología cristiana como así también en la tradición occidental, sino además porque los editores que me invitaron a participar en esta publicación ya nos habían demostrado la seriedad y el profesionalismo, en el año 2016, con los que se desempeñan al presentarnos, en lengua castellana, el compendio de artículos bajo el título *El católico Gibelino* y *El Templo del cristianismo*, ésta última, según Enrico Nistri, la obra más importante del autor florentino.

La primera aclaración que debo hacer es que no abundaré en los lugares comunes en los que suelen redundar los prólogos que se limitan a describir de manera cronológica los hechos más notorios y significativos de la biografía, en este caso bastante breve, del autor. Cosa, ésta, que los lectores pueden encontrar fácilmente por sus propios medios, navegando en internet o consultando otras obras del autor italiano ya traducidas al castellano. Lejos de ello, mi tarea

Attilio Mordini: el último gibelino

será expresar el por qué, en la obra y la persona de Attilio Mordini, pervive una tradición casi inexplorada, menos aún difundida, que reúne los elementos más destacados de la tradición perenne y una profunda teología cristiana gibelina. Esto último constituye, a mi humilde entender, el debate metafísico más importante de la historia de la cristiandad y la explicación más cabal de la decadencia de un mundo periclitante y convaleciente. Un mundo, en resumidas cuentas, moderno.

Hemos sí de destacar que Attilio Mordini di Selva, era procedente de una familia noble de Florencia, se formó con los Escolapios y posteriormente con los Salesianos. Coherente con el deber cristiano de la lucha, integró la Milicia Voluntaria para la Seguridad Nacional y, después del 8 de septiembre de 1943, sirvió en la unidad de ingeniería de la IV División Panzer, combatiendo en Rusia. En su retorno a Italia, debido a una herida ocasionada en el frente ucraniano, se unió a la República Social Italiana alistándose en la Guardia Nacional Republicana, donde obtuvo el grado de capitán, aunque sólo sirvió como jefe de prensa. Al final de la guerra fue encarcelado y, durante este período, contrajo tuberculosis, lo que le valió tener que lidiar con una salud recidivante el resto de su angosta vida. Se graduó con una tesis en literatura alemana, bajo la tutela del germanista Vittorio Santoli obteniendo la máxima calificación. Su derrotero intelectual se esparce, principalmente, en una serie de artículos y colaboraciones en revistas tradicionalistas como *L'Ultima*, fundada por Giovanni Papini, y en diversas publicaciones católicas como *L'Alfiere*, *Il Ghibellino*, *Carattere* y *Adveniat Regnum*.

En Mordini, de posición reactiva a la decadencia moderna, se va figurando paulatinamente un perennialismo cristiano, esto es, una posición gibelina y tradicionalista, pero, a diferencia de Evola, admite al misterio Salvífico de la Revelación Cristiana como única y verdadera ligazón (religión) con la Trascendencia de Dios. Para el teólogo, la Segunda Guerra Mundial se constituyó en «la última guerra santa librada en defensa de la civilización contra la locura del progresismo». Tras una vida signada por la enfermedad, rodea-

ESTUDIO PRELIMINAR, POR LUCAS CARENA

do de un círculo cultural y espiritual de jóvenes estudiantes, entre ellos Franco Cardini, falleció en Florencia el 4 de octubre de 1966, coincidentemente con la festividad de San Francisco.

Este aspecto singular de su pensamiento, que se circunscribe en el enfrentamiento de dos concepciones teológicas de la Cristiandad, la gibelina, y la güelfa[a], le ha valido a Mordini los más injustos y equívocos estigmas, los más variados y peyorativos epítetos como, por ejemplo, el de «advenedizo» entre los círculos que cultivan el estudio de la tradición primordial que reúne el pensamiento de exponentes como Frithjof Schuon, Ananda Coomaraswamy, René Guenón, y el mismo Julius Evola del que, en cierta medida, Mordini es un continuador. Me refiero a ciertos círculos herméticos que, malentendiendo a la tradición perenne como mero orientalismo, no terminan de comprender el legado de Mordini, al que ven con condescendencia, como un autor menor, o directamente como un «fisgón», terciario franciscano, inmiscuido en temas sólo aptos para quienes manejan conceptos de la filosofía hermética, el idioma sánscrito o el avéstico antiguo. Del otro lado, nuestro autor no ha tenido suficiente cabida y difusión en ambientes académicos del tradicionalismo católico que ven en los escritos de Mordini, «peligrosos» elementos lindantes con el sincretismo y el eclecticismo, rallantes con herejías helenizantes, a veces reducidas a mero esoterismo gnóstico. Ambas interpretaciones, sin embargo, están equivocadas.

El pensamiento de Mordini recupera una línea exegética gibelina en el «arte» de entender y comprender lo Crístico que, habiendo tenido su auge y apogeo en el momento en el que el conflicto de las investiduras ponía de relieve las tensiones entre el poder temporal y el poder espiritual del Sacro Imperio, se mantiene, luego, aunque no extinto, en un estado «latente», como toda epopeya, en la lírica trovadoresca italiana. Es por ello que podemos distinguir tres mo-

---

[a]En el contexto de la querella de investiduras, durante el siglo XIII, los güelfos, por un lado, se encolumnaban del lado del Papa, poder espiritual. Los gibelinos, en cambio, permanecieron fieles al emperador del Sacro Imperio, también con atributos pontificiales, que entronizaba el carácter Sagrado del poder temporal.

mentos, más o menos delimitados, en el decurso de esta línea de pensamiento que es, a la vez, un talante para «vivir» y «concebir» la cristiandad: en primer lugar, un momento bélico-histórico, que va de Waiblingen a Montaperti; un segundo momento esotérico-literario, que va de la vida y obra de Dante a los *Fedeli D'Amore* y un tercer momento que podemos llamar «intelectual», que aparece de la mano de Evola, pero, dentro del cristianismo, tiene a Mordini como la más distinguida expresión. A continuación, daremos una explicación sumaria de cada uno.

Para entender el momento histórico del cristianismo gibelino, debemos recordar que, de acuerdo con René Guenón, la etimología de la palabra «gibelino» debe buscarse en la voz árabe *Gebel*, que significa montaña y hace alusión a algo que se encuentra elevado, en las alturas. En términos históricos, remite a la Casa de Suabia, literalmente al Castillo de Waiblingen que se encontraba en una zona montañosa. De allí que, a la casa de la dinastía imperial de los Hohenstaufen, se la considerara como proveniente de Waiblingen (voz alemana para *Gebel-land*). De hecho, todavía hoy existe una localidad, pequeña, a quince kilómetros de Stuttgart, llamada así: Waiblingen, cuya primera mención escrita data del siglo IX (año 885) por el emperador carolingio Carlos III.

De esta familia dinástica saldrán grandes emperadores en los años de plenitud del Sacro Imperio como Federico I Barbarroja, que desde el año 1147 fue duque de Suabia y, a partir de 1155, Emperador del Sacro Imperio Romano Germánico. El Sacro Imperio fue un Estado imperial de Europa Occidental y Central, creado en el 962 por Otón I, rey de Germania. El primer Reich. Su nombre deriva de la pretensión de sus gobernantes de ser la continuidad del Imperio de Carlomagno[b], el cual se desintegró en el 843 tras la firma del Tratado de Verdún. El adjetivo de «Sacro» no fue

---

[b]Si bien en lo cultural el Imperio Carolingio generó un «renacimiento» de las ciencias y las artes (escuelas palatinas traídas por Alcuino de York, y la filosofía apofática de Juan Escoto Eriúgena) en lo político, tuvo corta vida: Los nietos de Carlo Magno, hijos de Ludovico Pío, entraron en conflicto por territorios. Lotario, Luis y Pipino obligaron a su padre a firmar los *Ordinatio Imperii*, para entrar luego en un conflicto familiar que terminó fragmentando al Imperio.

Estudio preliminar, por Lucas Carena

empleado sino hasta la aparición en escena de Federico I Barbarroja, quien consolidó las bases de un Imperio próspero, tanto en Alemania como al norte de Italia, donde puso orden, ya que estaban aliadas con el papa Alejandro III. (De ahí que fuera conocido como Friedirch Rotbart en alemán como también Federico Barbarossa en italiano)[c]

Es importante considerar que era hijo de Federico II (el tuerto) de Suabia Hohenstaufen y de Judith de Baviera y Welf (de una familia güelfa, es decir de la dinastía Welf) cuyos clanes dinásticos, principalmente de Baviera, se encontraban en clara enemistad con los Hohenstaufen por el derecho al Trono. Los gibelinos de Suabia y los güelfos de Baviera, en tanto familias de sangre noble, tenían pretensiones de imponerse en la conducción del Imperio. Sin embargo, Federico tenía el doble linaje y a los güelfos se les cerraban todas las puertas para acceder al poder porque la descendencia de Barbarroja poseía, por consiguiente, incuestionable derecho al cetro imperial. Los Güelfos deseaban con ansias el trono, pero veían en Federico y su descendencia, los gibelinos de la casa de Waiblingen, la perpetuidad en la conducción del Imperio. De hecho, Federico pudo reunificar la Germania divida y es por ese motivo que se convirtió en el símbolo del nacionalismo de la Prusia y la Alemania moderna: su pontificado imperial será modelo tanto para Otto von Bismarck en la instauración del segundo Reich, como para las experiencias nacionalsocialistas modernas del siglo XX y su proyecto de instaurar un tercer Reich.

Este proceso de consolidación del Imperio, se da con el nieto de Barbarroja, Federico II de Hohenstaufen. Barbarroja tiene un hijo, Enrique VI, pero va a ser su nieto, Federico II quien lleve al Sacro Imperio a la cima de su esplendor. Llamado el *Stupor Mundi* (Faro del Mundo), Federico fue un hombre adelantado a su época desde la Tradición Gibelina y fue mucho más importante que varios de los papas que desde Roma lo resistieron. Hablaba varios idiomas

---

[c]Barbarroja ejerció su imperio en épocas de tensión relacionadas a las querellas de las investiduras «supuestamente» culminadas con los concordatos de Worms

en una época en que muchos de los monarcas contemporáneos a él eran analfabetos. A la vez fue un cruzado que logró la paz en Oriente Medio a favor de la causa cristiana y, además, detentor de una de las plumas más prolíficas de ese entonces. Fundó la Escuela Poética Siciliana que unía la lírica trovadoresca germánica, es decir el poema épico de los *Minnesinger*, como Eschenbach, Vogelweide, Morungen, Tannhäuser, con lo que va a ser, tiempo después en Italia, del tercer renacimiento los *Fedeli D'Amore*, vinculados con las tres coronas del «*trecento*»: Dante, Boccacio y Petrarca que, si bien fueron contemporáneos a un período de decadencia humanista renacentista, fueron portadores de una pluma universal.

Federico II gobernó bajo el influjo de las guerras de cruzadas y las heridas aún abiertas por las querellas de las Investiduras entre el Imperio y el papado: como los güelfos veían el nacimiento de un reinado gibelino imperial próspero, comenzaron a azuzar en el papa las envidias y suspicacias con las que ellos mismos se habían dejado corromper. Se acercaron al papado de Roma sembrando cizaña, envenenando la conciencia del pontífice para alimentar el enfrentamiento entre Roma y el Sacro Imperio. Principalmente Otón de Brunswick, güelfo, coronado como Otón IV por Inocencio III. Tal fue la cizaña sembrada que el epíteto de *Stupor Mundi* con que se conocía a Federico II fue reinterpretado en ambientes eclesiásticos como luciferino (luminoso).[d]

Sin embargo, el Emperador era pontífice, ejercía una gobernanza bajo los designios divinos y representaba el carácter Sagrado del Poder Temporal. El vínculo entre el Orden Sagrado, la vida

---

[d] Como Federico II asume con tan sólo diez años el trono del Imperio, su tío Luis ejerce su protectorado sobre él y cuida su legítimo derecho al trono. No obstante, los güelfos, negocian con el papa un ejercicio transitorio a cambio de tierras y esto conduce a un conflicto armado, la batalla de Wassenberg en 1207, en la que el gibelinismo de Felipe, resultó vencedor. Sin embargo Otón IV se las ingenia para montar un ardid y matar a hurtadillas a Felipe en el casamiento de su sobrina. Los principados de toda Europa, encabezados por el rey Felipe de Francia, se levantan en favor del legítimo emperador y sus presiones obligan al papa a restablecer la corona donde pertenece: Federico II de Hohenstaufen, el último gran Gibelino.

Estudio preliminar, por Lucas Carena

terrena y la organización social recaían en el Emperador. El poder espiritual de Roma debía acompañar e iluminar ese proceso.

Luego de la muerte de Federico II, que murió en paz y santamente portando ropajes cistercienses, la papolatría güelfa se dispuso a disolver el Imperio promoviendo la separación entre el ordenamiento civil y la misión salvífica y espiritual de la Iglesia. En Italia el enfrentamiento entre el orden teológico gibelino, que sostiene la armonía entre el clero, como representante del poder espiritual y el emperador guerrero, como representante del poder temporal (sagrado pero temporal), se enfrenta a la teología güelfa que prescinde de las castas guerras y centra, de manera unitaria, el poder en arquilatría romana, práctica la simonía y debilita con ello a la cristiandad al sentar las bases para los cismas que impulsaron la postrimera Reforma. Esta contienda teológico-metafísica se materializa luego en una confrontación armada: la batalla de Montaperti, en las afueras de Siena, en 1260, entre güelfos y gibelinos, la cual es retratada por Dante en la *Divina Comedia*. Un ejército, el gibelino, luchó bajo el mando de Farinata degli Uberti, el ejército güelfo, en cambio, estuvo al mando de Bocca degli Abati, aunque gibelino de espíritu, pero del lado güelfo. Dos concepciones antagónicas del mundo cristiano se enfrentan en el plano físico, pero con basamento en una lucha espiritual. Los güelfos consiguieron expulsar de Florencia a los últimos gibelinos con algún poder real; a esto le siguió el asesinato de Tesauro Beccharia, Abad de Vallombrosa, que fue acusado de tramar el regreso de los gibelinos.

Dentro de la tradición católica, el gibelinismo inspiró a los condes-Reyes de Barcelona, a los Trastámara, a los Reyes Católicos de España, y a los Habsburgo-Austrias hispánicos, y al tradicionalismo carlista. Como dice Elías de Tejada, pensador carlista, en su artículo «Julius Evola desde el tradicionalismo hispánico»: *«Los reyes legítimos que acaudillaron la Tradición del Siglo XIX valen en la medida en que prolongan a los Reyes de las Españas áureas, los que fueron más papistas que los papas cuando, contra los errores de los papas, era preciso defender la Cristiandad. El rey de Nápoles Carlos emperador V encerrando al papa Clemente* en *Sant' Angelo o el rey sardo Felipe II encarcelando obispos en Nápoles, son nuestros modelos de católicos, al servicio de Dios incluso cuando los papas actuaban políticamente en contra de los intereses universales del reinado universal de Jesucristo. En lo de meter políticamente a papas en cintura nadie aventajó a nuestros Reyes comunes de las dos penínsulas. Somos católicos, pero no vaticanistas. Es la radical distinción entre nuestro catolicismo y los nuevos güelfos de las presentes democracias cristianas».*

Un segundo momento se erige, luego de la batalla de Montaperti, en el arte, el saber hermético y los trovadores. La Crónica de Dino Compagni, nos relata el contexto de la vida social y política de la Florencia de finales del Siglo XIII. Este fue el contexto, convulsionado, en el que se circunscribió, tanto la vida de Dante Alighieri, como su obra. Y tal contexto era ni más ni menos que el del conflicto entre güelfos y gibelinos. Como nunca, Italia se encontraba dividida y fragmentada en principados en permanente conflicto y las distintas familias nobles se habían encolumnado en las dos facciones en pugna: Florencia, Milán, Mantua, Bolonia, Génova, Rímini y Perugia, entre otras, defendieron la causa papal y adscribieron al güelfismo. Módena, Arezzo, Siena y Pisa, en cambio, embanderaron la causa gibelina, en favor del Emperador.

Luego de la derrota de los gibelinos (que no fue tanto militar, sino ideológica y cultural tras la muerte de Federico II de Hohenstaufen en 1250) el poder de la ciudad de Florencia queda en manos de los güelfos que, tras la expulsión de los gibelinos, generan, dentro de la propia Florencia, una nueva interna entre dos facciones: los güelfos blancos y los güelfos negros. De allí, que Dino Compagni titulara a su obra *Crónica de los blancos y los negros*. En esta Florencia Güelfa, estalló una encarnizada y feroz contienda por el poder. Los blancos, liderados por la familia Cerchi, miembros del estamento nobiliario, pretendían la inclusión del *popolo*, en la toma de decisiones. Además, buscaba el acercamiento entre el Papa y el Emperador. Los güelfos negros, en cambio, liderados por el linaje Donati, eran nobles más elitistas y se declararon enemigos irreconciliables del Imperio.

Estudio preliminar, por Lucas Carena

Tanto Dante, como Compani, eran güelfos blancos. De hecho, en 1289, como miembro de una familia güelfa, Dante abandonó sus estudios en Bolonia y combatió, formando parte de la caballería, en la batalla de Campaldino que supuso la derrota de los gibelinos de Arezzo. Sin embargo, todos sus pesares y persecuciones comenzaron a partir de 1290, tras la caída del gibelinismo y sus perseguidores fueron siempre güelfos. Como en Florencia, los güelfos blancos se impusieron y organizaron el poder desde el *Consiglio dei Cento*, un verdadero órgano de representación popular, donde Dante desempeñó funciones y ocurrió que, al poco tiempo, Dante fue ascendido a Prior. Los güelfos negros, desplazados por los blancos, se fueron acercando sigilosamente al papa Bonifacio VIII, que aspiraba a convertir La Toscana en un feudo pontificio. Aprovechando esto, los güelfos negros acusaron a los blancos de tener contacto secreto con gibelinos desterrados y conspirar contra la Santa Sede. Como consecuencia de ello, tres florentinos blancos que integraban la corte papal son apresados. Dante acude a Roma en misión diplomática para pedir su liberación y allí es retenido y acusado de una presunta malversación de fondos públicos realizada como prelado. Bonifacio VIII envía tropas a Florencia, encabezadas por Carlos de Anjou quien, una vez ocupada la ciudad, destituye a los blancos y pone al frente una conducción de güelfos negros. Dante y todo el priorato son condenados a dos años de exilio y el pago de cinco mil florines (que sabían que Dante no poseía) a partir de lo cual el exilio se extiende a perpetuidad.

Para 1302 Dante había sido condenado al exilio y nunca más podría volver a su amada Florencia, suerte que corrieron otros seiscientos güelfos blancos. De poner un pie en la «cuna del renacimiento» sería quemado en la hoguera. Ni la muerte de Bonifacio VIII en 1303 aminoraría la persecución contra Dante. Y ello así, en parte, porque detrás de las maniobras persecutorias se encontraba un histórico enemigo personal de Dante, Filipo Argenti, destacado güelfo negro. Por ello, en el canto VIII del *Infierno*, Dante lo retrata entre los soberbios y los envidiosos, pues Argenti se apoderó de sus bienes para entregárselos a un familiar. Hacia 1304 tienen origen sus versos sobre el Infierno, la primera parte de la obra y más pegada a su entorno social y epocal. Ese año, vivió en Verona, como invitado de Bartolomeo della Scala y al que Dante situó en el paraíso.

Quienes le dieron asilo y refugio, a excepción de Guido da Polenta de Rávena, con quien pasó sus últimos años, distinguido güelfo blanco, siempre fueron familias notablemente gibelinas: los Malaspina, en la Lunigiana, y los Ordelaffi, en Forli.

Lo cierto es que más allá de sus vicisitudes políticas, tardíamente, Dante mirará cada vez más con simpatía el modelo del Sacro Imperio y, si bien su posición fue siempre la de un güelfo blanco, este rastro de gibelinismo con el que estuvo en contacto durante su exilio, quedó plasmado en su obra. En 1329, por ejemplo, el cardenal Bertrand de Pouget, del papado de Avignon, organizó una quema pública de la obra de Dante, llamada *De Monarchia*, de sesgo profundamente gibelino, escrita entre 1310 y 1313. Pero su contacto con la teología gibelina no sólo influyó en su obra y su pensamiento, sino que lo acercó a las órdenes de caballería y al *ethos guerrero* que éstas representaban.

Según cuenta Bocaccio[e], en su *Vita di Dante* y en su *Comento alla Divina Comedia*, el poeta viajó a París y allí permaneció entre 1308 y 1310. Fue en aquel entonces que se dedicó al estudio de la teología y la filosofía. Sobre lo que no escribe Bocaccio, es que durante aquel tiempo tuvo lugar el proceso contra la Orden del Temple, dirigido por el papa Clemente V y Felipe IV el Hermoso. La presunta filiación cátara de los *Fideli d'Amore*, así como la multitud de figuras cifradas en la Divina Comedia, hacen ver, en la primera década del Siglo XIV, que Dante hizo suya la causa templaria. Más aún, Dante parece haberse reunido con de Molay, en carácter de dignatario de organizaciones iniciáticas templaristas: la *Fede Santa* y los *Fedeli d'Amore*. La F.S. era una tercera orden templaria y caballeresca. Poseía el título de *Kadosh* (Puro) de la F.S. que se conservó hasta hoy como un Grado masónico-templario.

---

[e]Giovanni Boccaccio (1313–1375) junto a Roberto Petrarca (1304–1374) y Dante Alighieri (1265–1321), conforman las tres «coronas» del *trecento*.

Estudio preliminar, por Lucas Carena

En el Museo de Viena hay una medalla con la cara de Dante en un lado y en el otro la sigla F.S.K.I.P.F.T. que significa *«Fidei Sancta Kadosh Imperialis Principatus Frater Templarius»*. Inspirado por Bernardo de Claraval en sus inicios y en Jacques de Molay. Poco antes de la muerte de este último, Dante incorporó en su obra Magna, la enseñanza esotérica de la Orden. De hecho, el título de *Imperialis Principatus*, muestra una clara inclinación al poder imperial y a las órdenes de caballería. La masonería escocesa, mucho tiempo después, toma el símbolo del Sacro Imperio, subvirtiéndolo según Julius Evola, clasificando a los miembros de los Consejos Supremos de los distintos Orientes, como «dignatarios del Sacro Imperio». También los jefes de distintas organizaciones de origen rosacruciano, han llevado el título de «Imperator».

Según cierta tradición oral que llega hasta nuestros días, Dante Alighieri no sólo fue contemporáneo al auge y la caída de los Templarios, sino que también fue testigo de la ejecución, en la hoguera, de Jacques de Molay, el último Gran Maestre templario y sus Compañeros en la Isla de los Judíos en el Sena. (1314 d.C.), dado que, para esa época, estaba en París. Algunas versiones de esta tradición sostienen que la residencia de Dante en París se limitó al periodo que va sin precisiones de 1305 a 1310 y por lo tanto no presenció el juicio de Molay, aunque sí mantuvo una serie de reuniones con el Gran Maestre Templario.

Según ello, cuando Dante murió, la *Divina Comedia* estaba inconclusa por algunos cambios que había introducido en el final, a causa de la muerte de Jacques de Molay. A ocho meses de su muerte, se le presentó en un sueño a su discípulo Piero Ravignani y le indicó en qué nicho de un muro de su casa, estaba escondido el final del libro. Ravignani corrió a la casa de Dante y, junto con el hijo Jacopo Alighieri, hallaron los Cantos faltantes.

En 1314 fue ejecutado en París (parece ser que a los pies de la Catedral de *Notre Dame*, que había terminado de levantarse en 1245) el Gran Maestre de la Orden de los Templarios, quien vaticinó, frente a la hoguera, la muerte de sus dos persecutores: el Rey de Francia y el pontífice de Roma. Lo cierto es que ambos murieron el mismo año (1314) que su condenado y Dante, solapadamente, señala la caída al infierno del primero: «débil será el que en Francia gobierna» (XIX, 87). Asimismo, califica de «nuevo Pilato» al segundo en el purgatorio: «veo al nuevo Pilato tan cruel que, insaciable y sin decreto, echa sobre el Templo su ambicioso velo» (XX, 31-93).

Nadie sabe qué secretos intercambió el Gran Maestre de Molay con Dante, pero sí que ciertas tradiciones y misterios pasaron de las castas guerreras a la literatura. Es por ello que existe una corriente de interpretación que concibe a Dante como un exponente de la lírica trovadoresca, que nos habla en lenguaje simbólico, críptico y metafísico. Y hemos de encontrar ello, en el texto de 1925 del tradicionalista francés René Guenón titulado *El Esoterismo de Dante*. En esta obra sobre Dante, Guenón intenta revelar el sentido oculto encriptado que, particularmente, la *Divina Comedia* posee. Pero quien da una pista de la existencia de un sentido oculto en su obra, es el propio Dante: *«O voi che avete gl'intelletti sani, mirate la dottrina che s'asconde Sotto il velame degli versi strani»* (*¡Oh vosotros que tenéis intelectos sanos, mirad la doctrina que se esconde bajo el velo de versos extraños!*).

La *Divina Comedia*, en su conjunto, puede interpretarse en varios sentidos: hay para Guenón, cuanto menos, cuatro sentidos identificables: el literal que incluye el poético por más que se valga de figuraciones, el sentido filosófico-teológico, el sentido político y social, y un cuarto sentido: el esotérico.

Para el tradicionalista francés, aquellos que advirtieron tempranamente un sentido oculto en la obra de Dante, son quienes se apresuraron también, por prejuicios epocales, a acusarlo de hereje. Herejía, esta, interpretada de dos maneras distintas: por un lado, la cátaro-albigense, portadora y promotora de una gnosis herética. Por el otro, la *Commedia* estaría plagada de retazos de «paganismo». Según Guenón, siguiendo a Eugene Aroux[f], por ejemplo, los cátaros tenían desde el Siglo XII signos de reconocimiento, palabras

---

[f] *L'hérésie De Danten* y *Dante, hérétique, révolutionnaire et socialiste: révélations d'un catholique.*

de paso y una doctrina astrológica: hacían sus iniciaciones en el equinoccio de primavera, su sistema científico estaba fundado sobre la doctrina de las correspondencias con las artes liberales: la luna a la gramática, Mercurio a la dialéctica, Venus a la retórica (*trívium*). Marte a la música, Júpiter a la geometría, Saturno a la astronomía y el Sol a la aritmética (*cuadrivium*). Las siete esferas planetarias son, a su vez, los primeros nueve cielos de Dante a la vez que los siete escalones del montante de la izquierda de la escala de los Kadosh.

Para Guenón, sin embargo, no hay herejía, porque éstas, siempre cumplieron una función política. Se trata, por el contrario, de una metafísica trascendente a todas las religiones, una tradición perenne. Su hermetismo, no encierra ninguna conspiración, se trata de una hermenéutica esotérica del mundo y su destino expresada en la doctrina de los tres mundos, presente en prácticamente todas las religiones. El infierno representa el mundo profano, desprovisto de una visión metafísica y tradicional de la religión, reduciéndola a su utilización política. Ejemplo de ello, serían los güelfos peleando entre sí por el poder. El purgatorio se corresponde con los ritos iniciáticos del héroe, donde su valor y su dignidad se pone a prueba. Debe superar las tentaciones del mundo profano. El cielo, sería la morada de los perfectos, los puros, en quienes se encuentran reunidos y llevados a su zénit la inteligencia y el amor.

Hay en este aspecto una clave iniciática de talante Johanita. Dante tendría así el rol de un trovador, como lo tenían los *Minnesang* germánicos: Wolfram von Eschenbach, Walther von der Vogelweide, von Kürenger, von Morungen o el mismo Tannhäuser protagonista de una leyenda, que clamaban el despertar de la conciencia. Dante nos revelaría así, en clave órfica, onírica, las verdades simbólicas del mito del Grial. Esto conecta con su presunto encuentro con Jacques de Molay y la Orden de los Templarios.

La distinción de los tres mundos, que constituye el plan general de la *Divina Comedia*, es una clavícula o llave hermética impresa en la enseñanza común a todas las doctrinas tradicionales, aunque adquiera en ella diversas formas: los cielos son los estados superiores del ser, los infiernos, como su nombre lo indica, las fuerzas ínferas y lo apetitos inferiores del alma, la *akolasia*. Para el hinduismo, serían los *satwa* (luz), los *rajas* (el purgatorio como extensión de la conciencia en sentido horizontal) y los *tamas* (los niveles infrahumanos)

Llegamos así al tercer momento, el intelectual. Pese a que Marsilio de Padua en siglo XIV apoyó a los gibelinos y al emperador Luis IV de Baviera y se enfrentó, por ello, al papa Juan XXII, su postura política devino en un conjunto de ideas vinculadas con la soberanía popular y la secularización del poder, separando a la Iglesia y al Estado. En su enfrentamiento a la autoridad absoluta y única del papa y, tratando de evitar la injerencia de Roma en todos los asuntos vinculados a la administración del poder civil, se convirtió en un precursor de las ideas de la modernidad. Esto facilitó que los güelfos, además de embanderarse con el apoyo del obispo de Roma, se arrogaran además una ortodoxia política y teológica que en realidad no tenían.

Es recién en el siglo XX, en Italia, que se reaviva el interés por la Tradición Gibelina por parte de intelectuales de fuste, provenientes principalmente del mundo de las letras, como es el caso de Gabriele D'Anunzio, Arturo Reghini, amigo de Papini, que, aunque cercano a la teosofía y el pitagorismo masónico, luego, será un actor clave para conectar a Guenón con Evola, e introducir a este último en grupo de *Ur*; Alfredo Oriani y, por supuesto Julius Evola, quien va a resignificar el concepto de lo gibelino desde una perspectiva más universal. El hombre universal, el ser de la tradición que concibe al mundo desde la filosofía perenne, se explica perfectamente desde el espíritu gibelino. Si bien en Evola no hay un exclusivismo religioso de la tradición primordial, sí asume que la misma se encuentra presente en la cultura caballeresca cristiana presente en el Occidente medieval. La concepción gibelina de la Cristiandad conlleva la huella de las antiguas religiones paganas donde existía la armoniosa complementariedad entre la casta sacerdotal y la casta guerrera: el *brahmán* y el *kshatriya*.

Ya con Attilio Mordini se consolida la idea evoliana de hacer coincidir la decadencia de Occidente con el ocaso de la concepción gibelina del mundo cristiano. Como lo expresa Daniel Cologne en su libro *Julius Evola, René Guenón y el cristianismo*: «*El modelo de sociedad que Evola identifica con la tradición aparece en tres momentos históricos: los imperios antiguos, las órdenes medievales y la concepción gibelina del Imperio*». Y es en esta concepción que se acepta la existencia de una primacía del arquetipo solar-masculino y viril sobre el lunar-femenino presente en el mundo de la tradición. El concepto gibelino de Occidente se circunscribe en la crítica que Evola formula del mundo moderno, presente en Mordini, y se vincula con el mito de las edades de Hesíodo, el cual signa toda la tradición helena y está claramente inspirado en el antiguo hinduismo. Vivimos la cuarta etapa de la decadencia. Tras la edad de Oro (*Satya Yuga*) la edad de Plata (*Tetra Yuga*) la edad de Bronce (*Dwapara Yuga*) estamos en la edad del lobo de las sagas nórdicas, la edad oscura, el *Kali-Yuga* del hinduismo (*Kali* en sánscrito significa negra, deidad femenina de la muerte, el tiempo, la destrucción y el fin del mundo) la edad de hierro de las enseñanzas iránicas, la edad de barro de la profecía de Daniel. Al tiempo metafísico de los dioses han ido sucediendo etapas de los sacerdotes y de los héroes, hasta llegar a los mercaderes de *Le tiers état*, la tercera edad, como la definió Emanuel Sieyes en el espíritu revolucionario burgués de 1789 y a la de los proletarios con el comunismo de 1917. Se trata de la casta de los *shudras*, que se aprestan a suceder a los *vaishya*, una vez derrocadas la casta guerra de los *kshatriyas* y la casta sacerdotal de los *brahmanes*. La desjerarquización del mundo de las democracias modernas y la sociedad de masas.

Esta tradición, que está fuera de la historia igual que la religiosidad (porque se halla por encima de lo humano en cuanto consiste en un sistema de verdades metafísicas, perennes, indiscutibles, que han de venir al hombre por vía de la iluminación y no por mero aprendizaje) se reinterpreta con Mordini a la luz de la Revelación cristiana y la misión salvífica redentora del Verbo encarnado. La tradición primordial y la filosofía perenne, consideran que es posible alcanzar un contacto con ese orden superior, pero para ello se requiere ser poseedor de una virtud. El concepto griego de *andreia* (valentía, arrojo, virilidad, hombría) y *sofrosine* (moderación y mesura) se corresponden con el lado solar-masculino de la espada (*Excalibur, Palmunc, Nothung,* o Lanza del Destino) y lado lunar-femenino (Cáliz Sagrado, Graal). Tienen además correspondencia, dentro del cristianismo, con el temple guerrero y el arquetipo del Cristo Rey Pantocrátor (todopoderoso) y, respectivamente, el arquetipo Mariano, del Cristo sufriente, convaleciente en los brazos de su madre. El simbolismo solar, la función regia del gobernante, debe elevar el mundo para acercar el plano superior al plano del acaecer humano. Todo lo contrario, a lo que ocurre en las democracias modernas.

Así, en esta obra que Hipérbola Janus nos presenta, se ven claramente todos los elementos de la concepción gibelina del cristianismo anteriormente descrita presentes en la pluma de Attilio Mordini. Si bien se trata de una compilación de pequeños artículos que, como tal, pueden leerse por separado y cada uno encierra una idea central como así también innumerables conceptos teológicos contrarios a la perversión modernista vertidos en ellos, se los puede unir a todos como si de un *corpus* tradicionalista unificado se tratara. Y ese hilo conductor que los une es, sin lugar a dudas, el influjo gibelino de su pluma.

En «Volver a la Ascesis» (p. 1), por ejemplo, nuestro autor enfatiza el origen heroico del monacato, y la relación entre el derecho y la autoridad con la consumación de la guerra como modelo disciplinario de las sociedades prósperas. Aquí Mordini desarrolla la relación entre la ascesis y la práctica contemplativa, como atributo guerrero y ésta, a su vez, como práctica esencial presente en la entrega espiritual monacal.

En el «El saludo de la salvación» (p. 47), encontramos un trabajo de exploración filológica exquisito, que nos lleva desde los *Upanishad* a los Salmos hebreos, desde el Amén, con su origen en AUM, vinculado al OM hindú, también en correspondencia con el *Šalòm* hebreo y confluyente en el AVE María, como saludo de

Estudio preliminar, por Lucas Carena

salvación.

En «La unidad de la catedral» (p. 59) el autor nos ofrece una serie de consideraciones acerca del sentido profundo de un cristo como Piedra angular, contrapuesto al momento babélico, como símbolo de lucha, como grimorio santo, como catecismo de piedra.

Mordini nos regala también una serie de reflexiones «Por una metafísica del espectáculo» (p. 63), esto es, una metafísica del arte, una metafísica de la belleza. Dicha tarea la realiza explorando las semillas de verdad esparcidas en diferentes tradiciones y culturas: desde la danza prehistórica primordial, hasta la composición canónica de la trascendencia. El espectáculo como lenguaje de lo Sagrado y su importancia en el establecimiento y la conservación viva de la tradición de una civilización.

En «Tradición y Revelación» (p. 101) nos encontramos directamente con un texto de filosofía perenne, con una pluma que discurre por lo saberes místicos que van desde el *Libro de las Revelaciones*, hasta el *Viṣṇu Purāṇa*, y las tradiciones nórdicas de Wotan y el *Ragnarǫk*, para poner en el contexto de tradiciones comparadas el verdadero sentido y significado de la Revelación Encarnada del Verbo.

En «Acción aristocrática» (p. 113), Mordini contrapone, al igual que Evola, la idea de jerarquía a las manifestaciones depreciadas y corruptas de las democracias modernas. La nobleza versus el hombre democrático. Cómo en la Francia de los Carolingios, por ejemplo, herederos de las aristocracias germánicas, se erige luego como «escenario de la más repugnante manifestación de barbarie iluminista» con la revolución jacobina. Mordini, no ahorra agravios contra un estado democrático, surgido de los vestigios de la moderna técnica de la guillotina.

En «El arco en el cielo» (p. 119), el autor nos introduce en reflexiones metafísicas acerca de la unidad entre Cielo y Tierra, la unión de lo Divino y lo Humano, desde los arquetipos de la saga artúrica. Dicha tarea, la realiza recuperando la importancia de un ordenamiento militar ecuestre, esto es, caballeresco, y nos explica que una tradicionalidad exclusivamente sacerdotal no nos conduciría nunca a una restauración del Orden Sagrado. También destaca el importante legado que el Medio Evo ha realizado al respecto.

En «Sentido de Roma» (p. 131), Mordini despliega un arsenal sapiencial único, esta vez, en la comparativa entre el *kshatriya* y el *shudra*, la casta guerrera y el campesino trabajador y cómo, la civilización romana, fue la primera en unir sacramente, desde los orígenes, al combatiente y al trabajador en el ciudadano. Ciudadano en momentos de paz y guerrero ante la amenaza bárbara.

Finalmente, en el «El coro del Mediterráneo» (p. 137), esto es, el concierto de misterios sapienciales provenientes del Grecia, el mundo hebreo y el mundo musulmán, Mordini nos exhorta a contemplar el *Dominium mundi* de Dios a través de la metáfora de las aguas y el semblante franciscano presente en las cruzadas.

Para concluir, los trabajos de Mordini compendiados en esta publicación, constituyen tanto en su conjunto como por separado, una joya de la teología gibelina y una verdadera pieza de genuina doctrina católica. El franciscano, en su formación y producción tradicionalista, nos deleita, una vez más, con una serie de textos en los que ensaya una profunda y comprometida enseñanza de la Fe Cristiana amparándose en una crítica de la vacuidad profana del mundo moderno.

- Lucas Carena
Rosario, Santa Fe, Argentina
octubre de 2025

Bibliografía

- ALIGHIERI, DANTE. (1982) *Comedia vol. I y vol. II*. Ediciones Orbis S.A

- ALIGHIERI, DANTE *Tratado de Lengua Vulgar*. Ed. Secretaría de Educación Pública. Cien del Mundo.

- BERNSTEIN, JULIÁN (2018) «Carta XIII de Dante Alighieri a Cangrande della Scala» en *Mutatis Mutandis: Revista Internacional de Filosofía*, núm. 10, 2018 (junio), pp. 143-176. Asociación Filosofía y Sociedad

- CAMICI M. y CARDINI F. (2017) *Attilio Mordini, il maestro dei Segni*. Il Cerchio

- CRESPO, ÁNGEL. (1999) *Dante y su Obra*. Ed. El Acantilado.

- COLOGNE, DANIEL. (1978) «Julius Evola, Rene Guerón y el cristianismo» en *Totalité*. Ed. Alternativa.

- ECO, UMBERTO. (1994) *La búsqueda de la lengua perfecta*. Ed. Grijalbo Mondadori S.A.

- GUENÓN, RENÉ. (1925) *El esoterismo de Dante*. Paidós.

- TEJADA, FRANCISCO ELÍAS. (1973). «Julius Evola desde el tradicionalismo hispánico» en *Arthos* núm 4-5.

Lucas Carena | 𝕏 @LucasCarena6

Licenciado en Ciencias de la Comunicación (UNR). Magister en Diseño de Estrategias de Comunicación (UNR) Se encuentra preparando una tesis doctoral sobre filosofía política. Titular de la cátedra «Lógica y Oratoria», facultad de Ciencias Económicas (Pontificia Universidad Católica Argentina). Docente de «Problemática Socio-Cultural Contemporánea» Facultad de Psicología (Universidad Católica de Santa Fe, sede Rosario) Escritor e investigador. Considerado un especialista en psicología de masas y medios masivos de comunicación. Posee varios libros publicados entre los que destacan *Jesús Cristo Príncipe Hiperbóreo: Una visión tenándrica de Occidente y la Cristiandad* y *La Conspiración de Medea: Aborto, Eugenesia y Nuevo Orden Mundial*. Conductor de «La Brújula» (canal TLV1, Argentina), junto al Dr. Pablo Javier Davoli; Ambos también autores del libro *La Guerra Invisible: Acción Psicológica y Revolución Cultural*. Sus estudios giran en torno al tradicionalismo. Ha colaborado también junto a Marcos Ghio y Juan Manuel Garayalde en actividades del Centro Evoliano de América, desde donde se estudia y se difunde la obra de Julius Evola y el perennialismo.

I
Volver a la Ascesis

El presente escrito de Attilio Mordini es el fruto de la combinación de dos ensayos publicados en la revista «L'Ultima»: el primero en el año IX, 1956, números 80-84, y en el año XII, 1958, número 88; el segundo en el año XVII, 1962, números 94-95. Estos dos textos han sido sucesivamente recogidos en el pequeño volumen «Francesco e Maria» (edizioni Cantagalli, Siena, 1986), con leves modificaciones y una introducción de Franco Cardini. Ambos escritos eran especialmente queridos por Mordini, quien compartía una profunda devoción por María y Francisco. Consideraba que ambos trabajos estaban estrechamente ligados y que merecían ser publicados de nuevo juntos, como si fueran una única obra.

* * *

«Pero quien hable de ese lugar
no diga Ascesis, que sería decir poco,
sino Oriente, si quiere hablar con propiedad».

— *Paraíso, XI, 52-54*

DESDE HACE TIEMPO SE HA ADVERTIDO EN EUROPA el impulso de volverse hacia Oriente[1], donde todavía permanece aquel sentido auténtico del hombre interior e integralmente civil que, a

---

[1]Está claro que el término *oriente* no es usado aquí en su sentido estrictamen-

pesar del progreso en el ámbito técnico e industrial, se le escapa cada vez más a nuestro Occidente.

Y sin embargo, volverse hacia Oriente sin tomar en cuenta la tradición de la que también nuestros siglos han tomado su forma, a través de los Orígenes heroicos del monacato, un volverse hacia Oriente solo para tomar prestado algo nuevo y matar la monotonía de la máquina y de su vacuo dinamismo, sería de pésimo gusto.

Pero este impulso quizás tienda hoy a hacerse más serio. Y tarde o temprano nos daremos cuenta de que volver a Oriente es volver a Asís y a la Verna, a la verdadera sabiduría de los Estigmas, al Franciscanismo que está completamente impregnado de vida y sabiduría oriental como el providencial custodio del Santo Sepulcro, símbolo tangible de todo misterio cristiano. Mirar al Oriente es ver a San Francisco de Asís y tomar verdadera conciencia de la tradición cristiana, del significado doloroso de cada una de sus guerras y de la eficacia de su trabajo, para alcanzar la visión clara de la verdadera paz.

Y es necesario, precisamente para este objetivo, considerar los órdenes religiosos en general y el orden de los Menores en particular bajo un aspecto que (no siendo realmente el principal) parece más descuidado de lo que merece en nuestros tiempos.

Los orígenes heroicos del monacato

Cuando un grupo de hombres se unen bajo una común disciplina para un fin ideal, a menudo ocurre que la colectividad que surge asume antes o después un perfil de carácter militar; y esto ocurre muchas veces en contra de todas las expectativas de los propios componentes o dirigentes del órgano colectivo. Parece que la disciplina y la milicia sean constituyentes esenciales de todo vivir

---

te geográfico, sino que se emplea para indicar cualquier manifestación tradicional de las antiguas civilizaciones orientales en cualquier punto del globo donde se encuentren sus vestigios. Por otra parte, ciertos países geográficamente situados en oriente, como por ejemplo la China comunista, no parecen ser expresión de otra cosa que del mismo progresismo occidental llevado al extremo.

común heroicamente proyectado, hasta el punto que no se puede alcanzar esta sin abrazar aquellas. Vivir *fratres in unum* es ya en sí mismo sacrificio y renuncia.

Es un hecho que en el origen del derecho y de la autoridad en la vida en común está la guerra. Según toda tradición, la constitución del poder siempre se produce después, nunca antes, de la manifestación de la guerra entre los hombres. En el *Génesis* se asiste al fratricidio de Caín, y precisamente por él es fundada la primera ciudad. Pero Caín no la fundó para sí mismo, sino para su hijo Enoc, y por Enoc la primera ciudad tuvo nombre. De hecho, no es por la guerra en cuanto a tal que toma su origen el poder, más bien por quien supera la guerra en el heroísmo para reconquistar la verdadera paz. En Abel vemos el principio del sacerdocio en cuanto a que sus sacrificios eran aceptados por Dios; y por otra parte la guerra, todavía antes de que se hubiera consumado el fratricidio[2], ya había sido puesta por el mismo Dios en Caín como lucha interior; de hecho el Señor le dice a un Caín airado: «...Pero tu apetito te estará sometido, y tu podrás dominarlo»[3].

Por este motivo la guerra cruenta es degeneración de la guerra interior, y no hay ascesis sin superación de una y otra. También es conocido por los primeros cenobitas cristianos que aceptaron la vida en común para poder ejercer la virtud *ad invicem*.

Según la tradición clásica, la edad de oro es la edad *sin rey*, precisamente porque rey es cada hombre, y es edad de paz verdadera. En las sucesivas edades decadentes, la sacralidad actual de la persona humana se reduce a la sacralidad potencial, y el acto sagrado se delega a la autoridad jerárquica. De modo que el sacerdocio y el poder son dos aspectos de la redención: el primero del pecado adánico, es decir, la desobediencia, en la obediencia y en la expiación del sacrificio, y el segundo del pecado de Caín, es decir, de la envidia y de la violencia, mediante la caridad y en el heroísmo.

Precisamente donde la religión se vive más intensamente los

---

[2] *Gn* 4, 8.
[3] *Gn* 4, 7.

aspectos heroicos resurgen con mayor evidencia; las primeras comunidades cristianas apenas se habían constituido y ya toda la vida era sentida por San Pablo como milicia, y la existencia y la salvación de cada fiel comenzaba a fundarse en el sacramento; como es sabido, el término *sacramentum* era usado por los latinos para indicar el juramento del soldado en el acto de ser investido con las armas.

Desde el siglo VI a.C. tiene lugar en Asia un verdadero florecimiento del monacato por obra del príncipe Siddhārtha, más conocido en occidente como Gautama Buddha; y los Hindúes vieron siempre en el Budismo una revuelta de los *kṣatriya* contra los *brāhmaṇa*, es decir, de la casta de los guerreros, a la cual pertenecía Siddhārtha, contra la de los sacerdotes. En modo análogo se desarrollará el cenobitismo en la tradición judeocristiana.

También para Israel se tiene la manifestación del principio sacerdotal y el principio real y heroico, antes unidos en la persona de Abraham según el orden de Melquisedec, después afirmándose uno en la tribu de Levi y otro en la tribu de Judá (no es casual que en sánscrito el término *yudh* signifique combatir).

La descendencia de Levi no obtuvo ninguna parte del territorio en el testamento de Jacob, mientras que de la de Judá se dice:

> «...Tu mano sobre el cuello de tus enemigos,
> ante ti se inclinarán los hijos de tu padre.
> Judá es un leoncillo.
>
> Corriste, hijo mío, hacia la presa;
> luego, para descansar, te echaste como león,
> o como leona; ¿quién osará despertarlo?»[4].

Quizás en el momento más crítico de la historia de Israel, la salvación del pueblo y del culto en las manos de otro Judá, Judas Macabeo; y la Escritura, casi para prevenir a quien pudiera ver en ello solo una casualidad de homonimia, también atribuye a Macabeo el atributo de león: «Sus obras fueron como las de un

---

[4] *Gn* 49, 8-9.

león, y, como un cachorro de león rugiente en la caza, persiguió a los inicuos buscándolos» (*1 Mac* 3, 4-5).

El último Judá de las Escrituras es San Judas apóstol, que en su epístola católica menciona la contienda entre San Miguel Arcángel y Satanás por el cuerpo de Moisés. Y el Arcángel Miguel, el conductor de las falanges angélicas, es nombrado por primera vez en el libro de Daniel, es decir, en la narración de las gestas del pueblo elegido durante el cautiverio babilonio, de la cual solo la tribu de Judá, después de las pruebas del horno y de los leones, volverá a Israel para devolver la vida también a las demás tribus perdidas[5].

En la tradición judeocristiana el primer convento se nos presenta con los Esenios. Antes de ellos ya habían existido místicos en Israel, como Elías e Isaías; pero eran hombres que vivieron en soledad y no se reunieron nunca en verdaderas comunidades bajo una regla y una jerarquía particular.

Los Esenios no eran otra cosa que los seguidores de Judas Macabeo, los cuales, después de haber combatido hasta la extenuación por la defensa del culto y de la nación, se habían orientado hacia la vida mística. Entre los manuscritos descubiertos en Ain-Feshkha[6]

---

[5]La interpretación corriente del nombre *Macabeos* nos hace remontarnos al étimo hebreo *maqqavah*, que significa *martillo*; se trata, por tanto, de una atribución de potencia que se corresponde en su totalidad con la otorgada a *Thor* en la tradición escandinavo-germánica; de hecho, la figura de esta divinidad se nos presenta empuñando un martillo con el que lanza rayos. De ahí, probablemente, el atributo del *Martillo* dado también a Carlos, padre de Pipino el Breve. Por otra parte, el martillo corresponde al *Tau* y entonces al símbolo de la Cruz; tanto es así que hacer el signo de Thor (es decir, el del martillo) durante el sacrificio, para los antiguos Germánicos significaba trazar en el aire, con un cáliz lleno de sangre, un signo de cruz sobre el cuerpo de un caballo que tenían costumbre de inmolar.

[6]Para una información más adecuada sobre este tema se remite al lector al trabajo del profesor Dupont-Sommer, de la Universidad de la Sorbona, en dos volúmenes titulados respectivamente: *Aperçus Préliminaires* y *Nouveaux Aperçus sur les manuscrits de la Mer Morte*, Paris 1951-52. Dupont traduce los textos de los manuscritos descubiertos, completa su estudio de la forma más satisfactoria sirviéndose de todos los datos arqueológicos e históricos a su disposición. Textos de otros muchos manuscritos encontrados que han sido sucesivamente publicados

también figura el reglamento de guerra de los caballeros Esenios; todo está dispuesto en él, desde la formación hasta las señales de las trompetas sacerdotales, desde el puesto de los jefes y el de los estandartes, sobre los cuales figuraban lemas en alabanza de Dios.

Excavaciones e investigaciones arqueológicas han sacado a la luz los restos del principal convento esenio en el desierto de Judá, ya teatro de guerra para el pueblo judío, que los Esenios consideraban como su campo de batalla ideal. Aquel desierto era para ellos el lugar separado del mundo donde se fortificaban contra toda tentación, recogiéndose en vida contemplativa, en el estudio de las Sagradas Escrituras, y dedicándose en particular modo a la gnosis. Era especialmente observado el silencio, sobre todo por los novicios, que durante largo tiempo debían tomar sus comidas en mesas separadas de los hermanos y no podían dirigir la palabra a nadie hasta la definitiva admisión en el seno de la comunidad.

La más alta aspiración para ellos era la realización del sacerdocio plenamente místico, como lo demuestra el capítulo XVII del *Testamento de Levi*, uno de los textos en los cuales solían inspirarse los Esenios. En este documento se lee que: «...él hablará a Dios como a un padre, y su sacerdocio será honrado y glorificado en todas partes». Esta unión ideal y real del misticismo con el sacerdocio se encarnará precisamente en Jesús, verdadero noble judaita como hijo de David y verdadero sacerdote. Por eso el sacerdote cristiano puede decirse al mismo tiempo levita y héroe en la medida que de su vida hace la real presencia de Jesús en la tierra. En cuanto a los Esenios, amaban llamarse hijos de Şadoq, herederos de aquel sacerdote que Salomón colocó en el puesto de su padre Abiatar, culpable de traición; de modo que eran levitas, pero de nombramiento real, es decir, judaitas y ecuestres.

Muchos artesanos, a pesar de vivir con sus respectivas familias, tendían a modelar sus vidas como las de los Esenios, como también suelen hacer hoy los miembros de las terceras órdenes seculares frente al clero regular. Entre estos artesanos amantes de la pobreza

---

en los últimos tiempos, y el propio Dupont ha actualizado sus estudios con otros trabajos ya editados en Francia.

y de la pureza parece que debe contarse al mismo San José. También Ricciotti, en su inagotable *Vita di Gesù Cristo,* considerando como en el pueblo judío se ignoraba casi por completo la práctica de la castidad absoluta, particularmente en las relaciones entre esposos, no encuentra otro punto de referencia para contextualizar el piadoso propósito de José y María, respecto a su abstención del amor carnal, sino recurriendo a las costumbres de los Esenios.

En la historia de Israel y en sus instituciones ya estaban presentes todas las características de Jesús, que antes de encarnarse como persona ya se había encarnado en un pueblo; todas las instituciones del pueblo de Israel, desde el Templo de Jerusalén a las más humildes comunidades de pescadores, que no son otra cosa, en esencia, que diversos y complementarios aspectos del Mesías venidero, y entre las principales de estas instituciones no podían faltar el cenobio y el sacerdocio, que en él habría encontrado la unidad esencial.

Antes de que comenzase el tiempo de su vida pública, Jesús había tomado contacto con el Templo desde los días de la presentación y de la conversación con los doctores. Y ciertamente, durante los cuarenta días transcurridos en penitencia, precisamente en el desierto de Judá, habría conocido a los Esenios, de los cuales su padre putativo probablemente le había hablado desde la adolescencia como una gente casi prodigiosa[7].

---

[7] Las tres tentaciones que Jesús tuvo que enfrentar en el desierto, son susceptibles, sin excluir el diálogo con Satanás, de ser interpretadas también como verdaderas tentaciones en la conquista de un reino terrenal, sugeridas precisamente por el contacto con el campamento de los Esenios. Transformar las piedras en panes equivaldría precisamente al proyecto de la riqueza material de Israel; arrojarse desde lo alto para ser sostenido por los ángeles, al incentivo de atreverse; finalmente adorar a Satanás para reinar sobre el mundo habría sido precisamente olvidarse de la misión divina para dedicarse principalmente al aspecto político de la redención. No es que el aspecto político no posea una grandísima importancia, pero debe ser consecuencia del primero. De hecho, «no solo de pan vive el hombre»: también «la vida es más que alimento» (*Mateo*, VI, 25) y «lo demás os será dado por añadidura». Por otro lado, el triunfo tributado a Nuestro Señor en su entrada en Jerusalén fue, por parte del pueblo, una manifestación de carácter político, y prueba de ello es el mismo *Crucifige*

Volver a la Ascesis

Después de la caída de Jerusalén, acontecida en el año 70 d.C., la comunidad esenia se disolvió al menos exteriormente, mientras sus miembros se dieron a la vida eremítica en las numerosas cuevas cercanas al Mar Muerto. Y con toda probabilidad, la mayor parte se había pasado al cristianismo, dando vida al primer anacoretismo de Palestina y del cercano Egipto.

La primera regla monástica cristiana, que fue la de San Pacomio, fue redactada en copto, hacia el año 320; y de la institución de San Pacomio surgieron en el siglo V los dos conventos de Akhmim, el *Blanco* y el *Rojo* (colores llenos de significado, de los cuales se hablará más adelante); por ahora es suficiente con recordar como la costumbre de representar al Salvador resucitado sosteniendo el asta de un estandarte blanco cruzado de rojo es tan antiguo como los propios orígenes del cristianismo[8].

De tradición copta, es realmente la evangelización de Abisinia, el imperio del León de Judá, donde la institución del clero está en las dependencias del jefe del Estado (hombre de armas) bajo el título de *Negus Neghesti*, es decir, Rey de Reyes.

Este Judaísmo recuerda demasiado a la antigua comunidad esenia para no hacernos pensar en los conventos de la Tebaida como un verdadero puente, de Judea a Etiopía, de la tradición esenia; tal es así que los santos mayormente venerados todavía hoy

---

del día siguiente; típica inconstancia de los movimientos populares. Si las turbas fueron incitadas contra Jesús por el fariseísmo del Templo, ¿quién las había incitado antes del júbilo? Ciertamente no fueron los apóstoles o los discípulos del propio Salvador; más bien, con toda probabilidad, los Esenios, deseosos de restaurar una fuerte y santa monarquía judía; el mismo grito de *Hosanna al Hijo de David*, tributado al humilde Jesús de Nazaret, deja entrever que tras la multitud entusiasta se encontraba la mano y el consejo de quienes esperaban también en la nobleza de los antepasados de Jesús. Fue una grave imprudencia, por parte de esa casta levita y a la vez guerrera, sobrevalorar la salvación del reino terrenal de Israel; la cual, por otro lado, es análoga a la de Pedro, que corta la oreja a Malco para impedir el arresto de Jesús; y que tal vez esperaba, alentado por la manifestación del día anterior, que los enérgicos Esenios habrían hecho de inmediato el resto para la afirmación terrenal del Maestro.

[8]El nombre de *Pacomio* del copto *P-Ahòm* significa *águila*, y el águila es el símbolo evangelista de Juan.

en Abisinia son precisamente San Miguel Arcángel y San Juan.

El cenobitismo responde entonces a exigencias judaicas además de levitas; y en el origen de la vida contemplativa en comunidad está la vida heroica del combatiente.

No nos sorprenderemos al constatar como justo entre los monjes cristianos de oriente se designó toda operación ascética a través de una jerga guerrera. Para ellos el desierto era el campo de batalla, el enemigo Satanás (śaṭan en hebreo significa adversario) la plegaria y el trabajo como armas; la victoria era la *apátheia*, la paz espiritual y entonces la contemplación. Además (otra característica que les acerca a los Esenios), muchas horas de su actividad diaria estaban dedicadas a la gnosis.

Por otra parte, la existencia de una terminología de guerra bien precisa y adecuada, que aparece en los textos más antiguos del monacato, no se justifica solamente con el lenguaje de las epístolas paulinas, sino que estas, más bien, no hacen sino poner en mayor evidencia una terminología ya familiar al mismo Jesús.

Más tarde Mahoma, que conoció el monoteísmo de los judíos y de los monjes cristianos de oriente, tomó rápidamente el lenguaje del combate y lo concretó, quizás demasiado, en las guerras por el Islam; pero al regresar victorioso de una batalla parece que envainó la espada diciendo que estaba listo, después de haber vencido en la «pequeña» guerra, para combatir la «grande»: y aludía a la guerra interior del alma.

Entre *El-Jihādul-aṣghar* o pequeña guerra santa, y *El-Jihādul-akbar* o gran guerra santa, hay entonces una analogía y una estrecha relación sobre la cual los musulmanes ponen el acento, por razones obvias, en el carácter histórico y contingente, pero por otra parte, ya había sido advertida por los cristianos en la palabra del mismo Jesús: «No creáis que he venido a traer la paz sobre la tierra. No he venido a traer la paz, sino la espada» (*Mt* 10,34). De hecho, Jesús vino a traer el bien a este mundo que todavía pertenece a Satanás, y preveía que de inmediato todos los hombres no aceptarían su paz y su palabra. La guerra, en cualquiera de sus formas, es también una dolorosa y necesaria consecuencia del mal, y el hombre debe regocijarse cristianamente sintiendo que la cosecha está cerca. «Quien persevere hasta el fin se salvará»: y perseverar no quiere decir huir. Por lo demás, la razón del estrecho vínculo entre la gran y pequeña guerra nos la da Santiago, apóstol de la esperanza y evangelización de Oriente: «¿De dónde vienen las guerras y las disputas entre vosotros? ¿No es acaso de esto, es decir, de vuestras concupiscencias que militan en vuestros miembros?». (*St* 4). Y es la misma relación entre la lucha interior y la lucha cruenta que el *Génesis*, como se ha visto, denuncia en Caín.

Los musulmanes se complacían incluso en acusar de idolatría e infidelidad a cualquiera que, viendo este mundo todavía bajo el dominio de los infieles, deseara la paz inmediata; de hecho, quien quiere la paz inmediata en el mundo del pecado muestra adoración por el mal, en la medida que lo prefiere al óptimo Dios y a su glorificación sobre la tierra.

También la caballería del Islam se encontró desde el siglo XII (sexto de la Hégira) vinculado a los seguidores de Al-Ghazālī, que observaban el *Taṣawwuf* o misticismo, llamados *Ṣūfī*, con toda probabilidad por *Ṣūf*, el pelo de camello con el que se tejía el *burnus* que estos ascetas vestían.

Como el Sufismo daba vida a la caballería islámica, así el Monacato occidental había dado vida a las órdenes de monjes armados como los Templarios o los Caballeros de San Juan Bautista, más tarde llamados como de Rodas o Malta. que contaban entre sus capellanes con el gran Bernardo de Claraval, también eran juanistas[9], teniendo como patrón a San Juan Evangelista, a quien

---

[9] El Evangelio de San Juan no es solo el más místico sino también (precisamente por su misticismo) el texto en el cual se inspiró la caballería cristiana. Este no es el lugar para mostrar en qué aspectos el cuarto Evangelio ha sido también el Evangelio del caballero, sería un trabajo muy complejo: por ahora es suficiente con recordar como los tres sinópticos narran principalmente el ministerio de Jesús en Galilea, mientras que el cuarto Evangelio se centra principalmente en la predicación de Jesús en Judea; hecho este que inmediatamente otorga un tono judaico, y entonces heroico-místico, a todo el Evangelio de Juan. Además, el cuarto Evangelio es el único que nos habla del golpe de lanza en un costado, *lanza* que fue, junto con el *Santo Vaso del Grial*, símbolo altísimo para toda la caballería medieval. El hecho de que el juanismo haya sido tomado

se debe precisamente la redacción del cuarto evangelio, que es el más místico. Juan es el único evangelista que inicia la vida pública del Redentor con la expulsión de los mercaderes del Templo, y los Templarios llevaron alrededor de la cintura un cordón anudado tres veces, que venía a simbolizar los tres votos de la investidura, y se declaraban dispuestos para liberar el templo del Sepulcro de Cristo de los abusos de los infieles y el templo de la sociedad cristiana de los explotadores y de los simoníacos. Los colores de la caballería musulmana y cristiana eran el rojo y el blanco; la túnica y el cinturón para los musulmanes, la cota de armas y la cruz para los cristianos; los caballeros de San Juan Bautista rojos cruzados de blanco, los Templarios blancos cruzados de rojo; a estos colores, que recordaban a la crucifixión y la resurrección, se añadía el negro del sepulcro. La guerra era precisamente la crucifixión, el sepulcro la operación interior del alma y la renuncia; la resurrección era la paz, la mansedumbre que solo se conquista en el monasterio o sobre el campo de batalla, en ambos casos entregándose generosamente a sí mismos.

Sobre el monacato y la caballería se apoyaba toda la civilización cristiana y benedictina del Medievo; y en Umbría, es decir, justo en esta región, se hallaba el corazón del benedictismo, donde nació en 1182 Juan de Asís, llamado Francisco.

La guerra santa de Francisco de Asís

De las muchas vidas de San Francisco, cuya hagiografía de todos los tiempos ha sido siempre abundante, solo las primeras fuentes de los siglos XIII y XIV pueden devolvernos el aspecto más genuino de la figura del Santo. La hagiografía medieval no desdeñaba acercarse y fundirse a menudo en la anécdota y la leyenda que en nuestros días el historiador se preocupa demasiado por rechazar y el cristiano considera demasiado poco. Evidentemente, donde la

---

con posterioridad de forma arbitraria como bandera del gibelinismo herético no resta en absoluto su validez sustancial.

leyenda se asoma a la historia, o mejor dicho, sobre la historia, es para narrar lo que los hechos en su fría crónica no podrían hacernos sentir lo suficiente.

El hagiógrafo del Medievo, hombre casi siempre demasiado íntegro en todo su sentido de lo verdadero, desde los hechos y la realidad material hasta las analogías y las más altas exigencias espirituales, siente y ve la vida del santo como un símbolo viviente trazado en la historia de los hombres, con carne y alma humana, por la divina providencia.

Para considerar de manera verdaderamente esencial el espíritu del franciscanismo será conveniente remitirnos especialmente a las dos *Vidas* de Tomás de Celano, al *Speculum Perfectionis* de Fray León, a la *Legenda Maior* de San Buenaventura y a los *Actus* (Florecillas); todos estos textos tienen el no desdeñable precio de satisfacer tanto a la modesta devoción del inculto como a la investigación del estudioso y la meditación del hombre de pensamiento; un mérito hecho de simplicidad y de caridad que raramente se encuentra en los escritores modernos.

Las *Florecillas*[10] nos dicen claramente que la vida de San Francisco es totalmente similar a la de Cristo, también en lo que se refiere a haber tenido en torno a él a doce frailes para luego ser abandonado por uno de ellos que murió de mala manera fuera de la Orden; entonces, como la vida de San Francisco refleja de manera excelente la vida terrenal de Jesús, su figura también es un símbolo, en las actitudes y en los gestos, de una Orden trascendente e ideal. Además, Tomás de Celano nos dice que Francisco amaba expresarse a través de alegorías y símbolos tomados especialmente del lenguaje caballeresco y cortés.

Quizás fueron los negocios y los largos viajes del padre los que hicieron madurar en él un gran amor por Francia y por Oriente, y la Francia de finales del siglo XII y de principios del siglo XIII no era todavía la Francia de Felipe el Hermoso ni del exacerbado

---

[10]**NdT:** Véase en español *Florecillas de San Francisco y sus frailes*, Testimonio de Autores Católicos Escogidos, Barcelona, D.L. 2015. A lo largo del texto también nos referiremos a la obra en italiano bajo el nombre de «Fioretti».

nacionalismo de Carlos VIII, sino la Francia heroica de los Templarios totalmente volcada hacia Oriente Medio. Y fue esta sed de heroísmo la que llevó a Francisco, todavía jovencísimo, a dejar su pueblo y hacerse ordenar caballero por Gualterio de Brienne, una sed de heroísmo que ya era vida religiosa; y Dios habló a Francisco en sueños también con el lenguaje de las armas. Tomás de Celano observa que «muy bien se habla en este principio de armas; y es conveniente que se den armas al soldado que está por combatir contra un fuerte armado, para que, como otro David, en el nombre del Dios de los ejércitos, ¡pueda liberar a Israel del antiguo oprobio de los enemigos![11].

Es un hecho que Francisco nunca fue caballero, y de la *pequeña guerra* del mundo ascendió inmediatamente a su *gran guerra* del alma. Pero aquí, precisamente, nos encontramos frente al hecho nuevo del franciscanismo. Después de haberse retirado durante varios días consecutivos en meditación y plegaria en el interior de una cueva (que en todas las tradiciones simboliza la interioridad del corazón), después de haber sentido toda la grandeza de la vida contemplativa, el más contemplativo de los santos (tanto que un día sería estigmatizado) funda la primera orden activa. La gran y pequeña guerra reencuentran en él aquella unidad no solamente sustancial, sino incluso actual, que solo en Cristo habían encontrado antes: combatir por Cristo en el mundo venciéndose a sí mismo y humillándose a los ojos de todos, llevar por cada camino y sendero de la tierra la sociedad ideal del cenobio, este será su programa.

El monacato había instituido y realizado la vida comunitaria en el monasterio según los principios establecidos por Jesús, vida que el mundo había considerado utopía; y por el mundo los Benedictinos enviaron hermanos caballeros a combatir con las armas para las más santas causas. La vida benedictina estaba fundada en la contemplación, en la transfiguración a través de la oración, también en el trabajo manual de los monjes y el sacrificio de sangre de los hermanos caballeros; la vida franciscana es contemplación llevada al mundo. Para el monacato todo símbolo se concreta especialmente

---

[11] *Vita prima*, I, 2.

en la arquitectura de las catedrales y monasterios; es arquitectura la propia Regla, y el arte benedictino es compostura vertical y aspiración a Dios. Con San Francisco toda la naturaleza es un símbolo sentido y vivido de forma eminente, y el arte es la sublimación de acentos humanos que en la fuerza de Dios se trascienden. Junto a las iglesias hablan los elementos y se hacen voz las piedras de La Verna; junto a los iconos benedictinos, las imágenes humanas del genio de Giotto narran los misterios de la santidad franciscana y de la Gracia con dramáticos gestos de cuerpos y cosas rebosantes de Dios.

Si la regla de San Benito es sólida y recta como una catedral, la regla franciscana es simple como un sendero campestre. La regla de San Benito comienza hablando del abad, luego trata del consejo de los frailes, de la obediencia, del silencio, de la humildad, del oficio divino y de los decanos en el monasterio. Después, desde las jerarquías y el orden de la plegaria y de las instituciones, desciende a las prácticas de vida cotidiana, tratando del dormir, de la disciplina de servicios domésticos, del trabajo y de la cocina. Finalmente se dan a los monjes normas para recibir huéspedes y novicios y para viajar fuera del convento, es decir, para quienes entran y para quienes salen; y termina con recomendaciones sobre el respeto recíproco entre monjes y el respeto de la propia regla. En total, 73 capítulos.

En cambio, la primera regla franciscana, después de mencionar la obediencia y la castidad más como una invitación gozosa que como una amonestación, comienza a hablar de la aceptación y de la vestimenta, y de allí el fraile menor es guiado a lo largo de todo el camino de la simple vida franciscana a través de los 23 capítulos, ricos en citas evangélicas, que componen la regla hasta el agradecimiento; con particular cuidado se trata de los misioneros y los predicadores.

Y es con la expulsión de los mercaderes del templo que Francisco inicia su vida seráfica, modelándose según el Evangelio de San Juan: esta vez los mercaderes son representantes de la figura de micer Bernardone, quien acusa a su hijo de dilapidar los bienes paternos, y Francisco, delante del obispo de Asís, vence al padre combatiendo consigo mismo en lo que aún le quedaba de riqueza; vence a su padre con una cuerda, no golpeándolo como Jesús hizo con la cuerda, sino ciñéndose los lomos tras haberse vestido con un saco. No es que Francisco haya querido con esto mostrarse mejor que Cristo, sino que, al contrario, se ensañó consigo mismo precisamente porque se consideraba menos digno y menos santo que el Salvador; Francisco se dedicó a quitar la viga del ojo de su padre al liberar el suyo de la paja.

Incluso cuando esté cerca de morir aconsejará a sus frailes elegir a un superior que «*doble con mansedumbre a los arrogantes humillándose a sí mismo*»[12].

El cordón que él ciñó a todos los Menores tiene los tres nudos de la pobreza, de la castidad y de la obediencia, pero de una forma más absoluta la pobreza es observada por el franciscano; de hecho, no se trata solo de comunismo de bienes, sino más bien de renuncia colectiva para toda una orden de mendicantes. La vida del monasterio tendía a construir una sociedad de santos fuera del mundo; en cambio, la vida franciscana, tiene que rendir cuentas de pobreza a todas las criaturas.

El convento franciscano es en sí *persona* que debe cuidarse de superar a cualquiera en riquezas.

Por otra parte, el sayal es un verdadero signo del retorno a Oriente; de hecho, los anacoretas y los monjes de los primeros tiempos cristianos vestían sobre su carne desnuda pesados sacos (compárese con la voz judía *śaq*), tejidos con pelo de cabra en Cilicia, que habían dado su nombre precisamente a estas indumentarias de penitencia llamados cilicios.

¡Quién sabe si el piadoso Francisco, totalmente enamorado de Tierra Santa, no se detuvo alguna vez a mirar los sacos de su padre, llenos de mercancía y atados con cuerdas toscas, pensando en los primeros monjes de Oriente! Y precisamente inspirándose en aquellos monjes restauraba, en su guerra santa, el sentido de la misma tradición occidental. De hecho, tanto el sayo o *sagum* (céltico *sàgos*) como el cilicio era para los Romanos prenda de

---

[12] *Speculum*, V, 80.

guerra; con el primer término se indicaba el manto del soldado en contraposición a la toga, que era una vestimenta de paz, y con el segundo la coraza ligera tejida de crin. Si el cilicio del soldado romano debía sostener el ímpetu de las flechas, el del monje debía soportar los asaltos de Satanás, demasiado a menudo favorecidos por las suaves vestimentas del atuendo mundano y refinado.

También los Carmelitas, que de los cenobitas orientales tuvieron sus primeras instituciones, después de haber vestido durante el Medievo y el Renacimiento indumentarias primero coloridas, y más tarde blancas, volvieron al sayo gris-marrón tan pronto como se sintió en la Orden la necesidad de la primitiva severidad.

Como se ha mencionado, el Franciscanismo, bien lejos de afirmarse como una reacción frente al monacato de San Benito, fue su providencial solución en el mundo. Eran tiempos en los que el clero secular, en condiciones nada florecientes, dejaba mucho que desear, y los sacerdotes de los monasterios sentían, por otra parte, la urgencia de encerrarse en la vida realmente contemplativa rompiendo demasiados vínculos, de carácter nada sobrenatural, que ataban sus oficios al mundo. En este sentido, ya se estaban llevando a cabo enérgicas reformas, y la predicación y el cuidado de las parroquias eran tales que hacían más difícil y delicado el cumplimiento de las propias tareas de los órdenes contemplativos: y Francisco también respondió a esta exigencia.

En el primer capítulo de la Regla, San Benito consideró cuatro categorías de frailes, pero solo las dos primeras eran para él aptas para la santificación, la de los Cenobitas o Monásticos y la de los Anacoretas o Ermitaños que «... han aprendido a combatir contra el diablo por larga experiencia en el monasterio... y ya bien instruidos en la comunidad de frailes, en la singular batalla del eremitorio, seguros ya, sin el consuelo de otra persona, con la propia mano o brazo, contra el vicio de la carne y de los pensamientos, con la ayuda de Dios, son suficientes para combatir». en cuanto a las otras dos categorías de frailes, *Sarabaítas* y *Girovagos*, los consideraba «... no probados como el oro en el crisol, sino blandos como el plomo» los primeros; mientras que los segundos «...peores que los

Sarabaítas, mienten a Dios con su tonsura en el siglo y (lo más grave) eligen como santo lo que ellos quieren».

El problema de los *frailes en el mundo*, es decir, de aquellos que no estaban regidos por la disciplina ecuestre, ni por la autoridad del abad y de la regla como solo puede practicarse en el cenobio, había quedado sin resolver desde entonces. Para resurgir a la santidad era necesario crucificarse, y para crucificarse parecía indispensable abandonar el mundo o combatirlo. Solo un segundo Cristo habría podido salvar a los frailes peregrinos *en el mundo* de la severa sentencia del Santo de Nursia, y el *alter Christus* se presentaba precisamente en la figura de San Francisco. El Franciscanismo parte así de los fundamentos benedictinos y de la hagiografía medieval, que nos señala la figura de San Francisco como símbolo viviente, nos autoriza a ver en la Porciúncula, ya iglesia benedictina, la figura de todo el Orden en el cual se expresó San Francisco.

En 1211 San Francisco acudió al abad de los monjes camaldulenses del Subasio para pedir una iglesia y un poco de terreno para sus frailes. Entonces gobernaba aquel monasterio el abad Teobaldo I, y fue él quien concedió la iglesia más pequeña (es decir, *menor*) y más pobre a los franciscanos diciendo: «Si el Señor multiplica esta, vuestra religión, queremos que este lugar sea el primer fundamento de todos vosotros»[13]. Y sobre los *fundamentos benedictinos* San Francisco reconstruyó, con ayuda del pueblo, esta pequeña iglesia semiderruida: porque cada uno de los lugares cercanos aportaba su piedra o hacía su contribución. La *Porciúncula* es precisamente una puerta tan estrecha que para atravesarla es necesario hacerse *menores*, es el ojo de la aguja por la cual no pasan los camellos ricos, salvo por el milagro de la infinita misericordia de Dios.

El mundo se unía así al monasterio para la misión franciscana. También la precedente restauración de San Damián, que Francisco llevó a cabo por exhortación del Crucifijo, que de forma milagrosa empezó a hablarle, nos parecerá cargada de significado si consideramos que la iglesia de la cual Jesús había pedido la reparación era la sociedad de los verdaderos cristianos, sin excluir la restauración

---

[13] *Speculum*, IV, 55.

material de los muros de San Damián. Símbolo y verdad simbolizada se acercan aquí y se fusionan de una forma sorprendente, y de ello surge toda una renovación del trabajo humano sentido al mismo tiempo como oración[14].

Que toda norma de la vida franciscana empieza por las sólidas premisas del vivir benedictino se percibe especialmente donde la regla de San Francisco más se aleja de las de San Benito.

Respecto a la pobreza, por citar algún ejemplo, el capítulo XXXIII de la regla benedictina dice «... Nadie presuma de dar o tomar algo, sin permiso del abad ni de poseer nada propio...: a los cuales (monjes) es evidente que, ni sus cuerpos, ni sus voluntades les es lícito tener bajo su potestad; pero todas las cosas que son necesarias deben esperarlas del padre del monasterio... y todas las cosas sean comunes a todos según lo permitido, y nadie diga o presuma que algo es suyo».

Todo esto es ya pacífico para San Francisco, que de inmediato conduce a su fraile menor al aire libre en el mundo. «Ningún hermano, donde quiera que este y a donde quiera que vaya, tome, reciba o haga recibir ni monedas ni dinero;... los demás servicios, que no son contrarios a nuestra vida, los hermanos los pueden desarrollar en tales lugares con la bendición de Dios. Sin embargo, los frailes, en la necesidad manifiesta de los leprosos, pueden pedir limosna. Pero guárdense bien del dinero»[15].

En relación a los alimentos, San Benito advierte: «...pero se abstengan todos de comer carne de cuadrúpedos, salvo de los débiles y enfermos»[16]. En cambio, San Francisco permite al fraile

---

[14]Sobre las relaciones entre el trabajo y la oración véase también el artículo *Contemplazione e lavoro* en el número 79 de «L'Ultima». En cuanto al simbolismo de la arquitectura, en particular, es importante tener en cuenta que Asís fue sede de *Maestros Comacini*, y esto, naturalmente, está relacionado con la gran difusión de monasterios benedictinos en la Umbría; de hecho, los abades de esta Orden solían recurrir, desde los primeros tiempos, a estos maestros para la construcción de sus iglesias, dado el conocimiento profundo que los Comacini transmitían sobre los símbolos arquitectónicos. Todavía hoy se puede ver en Asís la antigua sede de la logia Comacina.

[15]*Regula prima*, VIII.

[16]Cap. XXXIX.

comer lo que se les ofrezca; es el precepto que Jesús da a los discípulos enviándolos a predicar; lo que no excluye que los mismos apóstoles, en su vida común, no hayan estado sujetos a una estricta observancia también en los alimentos[17]; y la regla de los Menores, constituida precisamente para predicar por todas partes, libera al fraile de las normas particulares del monasterio. Y esto es todavía más evidente por el hecho de que los Benedictinos están más o menos obligados a sentirse vinculados al monasterio, en el cual se retiran en vida religiosa. Tal es así que los Cistercienses tienen una promesa particular en tal sentido de ponerse en manos del abad, mientras que los Franciscanos, según el expreso deseo del fundador de la orden, siempre deben considerarse como peregrinos, incluso en el propio convento; lo que por otra parte ya era propio de los caballeros errantes.

Ya vemos en San Francisco dos aspectos principales de su obra que caracterizan todo el orden de los menores: llevar al mundo la santidad y la contemplación del monasterio fundiendo la gran guerra con la pequeña (y con esto completando la obra de San Benito); y acercar de nuevo al Oriente la civilización cristiana occidental para revitalizarla en las auténticas fuentes del misticismo, predicando al mismo tiempo el Evangelio. De este segundo aspecto es un signo muy claro la visita de San Francisco al Sultán Malek al-Kāmil en Egipto en 1220.

Es fácil intuir cómo San Francisco encontró la benevolencia del Sultán, ya que, una vez más, combatía el error ajeno solo mortificándose a sí mismo. Y ciertamente no habló contra el Islam, más bien a favor de Jesús, de acuerdo con la letra de la primera

---

[17]Si nada está dispuesto al azar de las Escrituras, sino que todo está ordenado por la inspiración divina, nos cabría preguntar por qué las pocas veces que se desciende a los detalles sobre las comidas de Jesús y los discípulos, los únicos alimentos mencionados son pan y pescado. Es cierto que en las bodas de Caná y en las mesas de quienes a veces lo invitaban, Jesús habrá comido otros alimentos, pero con los discípulos, y particularmente con los Apóstoles, muchas cosas sugieren que seguía otra norma. Se habla en los Evangelios de pascuas celebradas con los Doce; ¿habrán comido Cordero? Los textos sagrados nunca se pronuncian a tal propósito.

regla: «...No hacemos (los frailes Menores en misión) pleitos ni contiendas... y confesad que sois cristianos». Esto, como veremos, será una característica de toda la teología del Orden, casi como confirmación de lo que el Corán, en el verso ochenta y dos de la quinta *Ṣūra*, dice expresamente de los monjes cristianos: «... y ellos no son soberbios — Más bien, cuando escuchan lo que ha sido revelado por el Mensajero de Dios, los ves derramar lágrimas abundantes por los ojos, a causa de esa verdad que ellos conocen, y les oyes decir: "¡Oh nuestro Señor, creemos! ¡Cuéntanos entre los testigos de la Verdad!"». El clima que se respira en este pasaje parece preanunciar ya la aireada simplicidad de todo el estilo franciscano, y este príncipe del Islam habrá sentido sorpresa y alegría como si la humilde figura de Francisco hubiese salido de las mismas páginas del Libro Santo dictado por Alá al Profeta. Y según las *Florecillas*: «El Sultán empezó a sentir una gran devoción por él» después de que Francisco predicara la fe de Jesús «tan divinamente... que incluso por ella quería entrar en el fuego»[18]. Y era natural como esto le había impresionado, tanto que los propios Musulmanes siempre han tenido en la *prueba del fuego* una extrema confirmación de autenticidad tradicional. El Sultán, iluminado por la simplicidad de San Francisco, seguramente llegó a vislumbrar la verdad de Cristo en el seno de la misma tradición musulmana, y a este trabajo lento y paciente de plegaria y meditación le habrá sonreído un éxito luminoso; quizás aquí esté el significado del legendario indicio del bautismo que habría recibido en el lecho de muerte de manos de dos frailes Menores, prodigiosamente advertidos por San Francisco. Sin embargo, queda el hecho de que la visita al Sultán es una señal de la vocación de la orden de los Menores de custodiar el Santo Sepulcro, símbolo de toda regeneración cristiana.

Un detalle que Tomás de Celano, lejos de pasarlo por alto, subraya la atención del lector, se refiere a las actitudes más frecuentes en la vida del Santo, que pueden constituir, oportunamente interpretadas, un indicio del profundo sentido tradicional y oriental que Francisco tenía de la sabiduría.

---

[18] *Fioretti*, XXIV.

Dice el Celanese que el Santo Padre Francisco «dondequiera que encontraba algún escrito de cosas divinas o humanas, por el camino, en casa o en el suelo, lo recogía con gran reverencia, y lo colocaba en un lugar sagrado o al menos decoroso... Y una vez a un fraile, el cual le preguntó porque recogía con tanto cuidado incluso los escritos de los paganos y aquellos en los que no se encontraba el nombre de Dios, respondió: «Hijo mío, porque allí están las letras de las cuales se compone el Nombre gloriosísimo del Señor Dios. Además, todo lo bueno que pueda haber no puede atribuirse a los paganos, ni a otros hombres, sino únicamente a Dios, de quien procede todo bien». Y de lo que escribía: «No permitía que se borrase ninguna letra o sílaba, aunque alguna fuera *superflua* o estuviera fuera de lugar»[19]. Ahora bien, no pudiendo considerar todo esto, *sic et simpliciter*, como una forma de superstición, será oportuno recordar que en todas las tradiciones orientales la escritura y la propia palabra siempre han sido consideradas como de origen divino. Para la Cábala judía, todas las letras del alfabeto proceden de la minúscula *yod* (que es la inicial del nombre de Dios) como sus posibilidades de manifestación[20]; para los sabios hindúes todo sonido, y entonces todo signo de la lengua sánscrita, procede del sonido elemental *a*, por ser el más conforme a la apertura de la boca, e inicial del monosílabo AUM (que se contrae en OM): considerado como palabra primordial (de la cual proceden todas las demás palabras en ella virtualmente contenidas) y también como saludo de reverencia (cfr. el latín AVE). Igualmente, para los Pitagóricos y para los Platónicos, de las ideas-número procedían todas las cosas.

La veneración de San Francisco por la Escritura no es, sin embargo, debida a las investigaciones eruditas sobre las tradiciones orientales, sino que solo se deben a su intuición de profunda caridad iluminada por la Gracia. Lo mismo se podría decir de su

---

[19] *Vita prima*, XXIX.

[20] En el *Sepher Yeṣirah* se dice que todos los números en realidad están contenidos en el diez, que en hebreo se indica con la simple *Yod*. Es evidente que, si de *yod* proceden todas las demás letras-números como modificaciones en ella ya contenidas, cada grupo de letras es parte del mismo nombre de Dios.

sapientísima y, sin embargo, simple poesía[21].

De la misma sabiduría franciscana es también indicio el uso que el Santo hacía de la Cruz *immissa*, comúnmente llamada latina, y el hecho de que Francisco prefiriese el uso de de la cruz de tres brazos o *Tau* no se explica solo relacionándola con la forma del bastón de San Benito. En la bendición que San Francisco escribió en La Verna para Fray León, y que hoy se conserva en Asís, como en el capítulo XXIII de la Regla, totalmente inspirada en el Evangelio según Juan, incluso se complace en usar la letra T en las palabras *tú, te, tuyo, tuya* con íntimo acento amoroso; y en la bendición a Fray León, en particular forma, con la misma letra mayúscula T, muy grande y usada como cruz a lo largo de todo el escrito[22].

---

[21]Cfr. A. Oxilia, *Il cantico di frate Sole*, «L'Ultima», 70-71, pág. 296-357. Además, otros datos particulares sobre la vida de San Francisco, transmitidos principalmente por Santo Tomás de Celano, recuerdan mucho a la tradición de la Cábala. En la primera parte de la primera *Vita* se lee como: «...inflamado por el ardiente amor Lo llamaba (Jesús en el pesebre) el *Niño de Bethleḥem*, y a la manera de la oveja que bala, diciendo *Bethleḥem* llenaba su boca con la voz o, mejor dicho, con la dulzura de la emoción: y diciendo Jesús o *Niño de Bethleḥem*, con la lengua se lamía los labios, saboreando también con el paladar toda la dulzura de esas palabras (Cap. XXX)». De manera similar, los cabalistas judíos saboreaban el sonido de la palabra *Berešith*, con la que comienza la *Torah*, que simbolizaba para ellos el despliegue de la creación; y si *Berešith* es el inicio de la Sagrada Escritura, las palabras *Niño de Bethleḥem* (ambas comienzan por B, *Bambino di Bethleḥem* en el original en italiano, NdT) recuerdan al principio de la vida terrenal de Jesús, vida de la cual todo el Antiguo Testamento es una prefiguración.

[22]Según la tradición de Lao-tse [Lǎozǐ 老子] toda la sabiduría está en el Tao-te-King [Dàodéjīng 道德經], el camino y el tejido (este es el significado de las palabras *Tao* [Dào 道] y *King* [Jīng 經]) de la realidad universal. Tao, en la grafía china, se escribe con los dos ideogramas que representan respectivamente *cabeza* 首 y *pies* 辶 unidos por un segmento. De manera similar, en el simbolismo cristiano, *alfa* y *omega* están unidos en el brazo horizontal de la Cruz: el significado de estas dos vocales griegas corresponde al de los dos términos del *Tao*, es decir, de *principio* y *fin*; además, considerando la Cruz como letra T se tienen precisamente en nuestro simbolismo las letras que forman la palabra Tao, y la misma Cruz, para quien la observa de manera particular, la idea del tejido del universo por la intersección de las dos líneas que la componen. Sería absurdo querer deducir de esto alguna derivación del simbolismo cristiano del

Por ello está claro que debía serle muy conocido el valor alfabético de este signo (hebreo *tau*) que está en el centro de la visión de Ezequiel como yugo de amor divino, de dedicación y de unión; y en el *Tau* la sabiduría de Francisco nos aparece como verdadera sabiduría de humildad y de cruz.

Humildad y paz

La humildad de todo santo, y en particular la humildad de Francisco, encuentra su significado en la Cruz. Si no fuese así, el hombre que reniega de sí mismo sólo sería un contrasentido.

¿Cómo puede el santo, particularmente iluminado por Dios en su verdad, sentirse el más abyecto de los hombres cuando en realidad es casi la presencia de Jesús en la tierra? El redentor advierte: «No juzguéis»; y el cristiano realmente humilde no debe juzgarse ni siquiera a sí mismo, más bien debe tener conciencia de su pobreza espiritual y cualquier alabanza dirigida a él transferirla a Cristo, el único que tiene méritos por Su naturaleza y por Su Pasión.

El capítulo IX de las *Fioretti*, en el cual Fray León alaba a San Francisco, mientras este quería ser humillado por él, es particularmente significativo a tal respecto.

Según la Cábala hebrea la creación es un reflejo del Tetragrama, del Nombre sagrado: «Y formó del vacío algo, hizo de lo que no era lo que es... reflejo, y el Verbo produjo cada objeto y todas las cosas por Su Nombre uno»[23]. Y Clemente de Alejandría dice: «... De Dios, *Corazón del universo*, parten los rayos indefinidos, dirigiéndose uno a lo alto, el otro a lo bajo... este a la izquierda...; dirigiendo su

---

extremo-oriental del Taoísmo; solo es importante percibir cómo la verdadera sabiduría espiritual es en el fondo, una en todas partes, precisamente porque uno es Cristo, Verbo de Dios, manteniendo, por supuesto, el hecho de que solo la Iglesia de Roma es infalible. La Cruz siempre ha sido considerada por todas las tradiciones como símbolo de síntesis (*coincidentia oppositorum*) sapiencial; también el monograma chino *tse* 子, que significa maestro, tiene forma de cruz; y Buenaventura dice que Francisco, aunque iletrado, poseía una gran sabiduría y, en lugar de libros, contemplaba la Cruz.

[23] *Sepher Yeṣirah*, IV, 5.

mirada en dirección de seis rayos como por un número siempre igual, Él contempla el mundo...[24] En Él se resumen las seis fases del tiempo y es de Él que éstas reciben su extensión indefinida»[25].

Clemente de Alejandría, al llamar a Dios Corazón del universo, sigue la Cábala y ve el esquema simbólico de la creación como una cruz de tres dimensiones y seis brazos; la tercera dimensión de la cruz no deja de ser expresada por el Evangelio según Juan, el cual narra el episodio del golpe de lanza en el costado de Jesús; golpe en el centro (corazón del universo) que lo atraviesa en profundidad.

El propósito del ascetismo y, por tanto, el *télos* (dardo y objetivo final) para alcanzar el centro de toda realidad celeste y terrenal, ese *todo* que San Agustín prefería a cualquier otra cosa; es el grano de mostaza de los Evangelios, el hacerse pequeño para entrar en el reino de los ciclos, la sabiduría revelada a los pequeños. Esta puntualización mística está, por lo demás, simbolizada por el mismo nombre de Porciúncula en su significado literal de *portio minima*, porción pequeñísima y entonces esencial. De hecho, Francisco, «en lugar de libros miraba siempre el libro de la Cruz de Cristo»[26] y en Cristo quería transformarse[27]. El *Doctor Seraphicus* en su *Itinerarium* dirá justamente que se llega a Dios en seis fases correspondientes con los seis días de la creación para alcanzar finalmente la séptima, el *sábado* del descanso y de la verdadera paz; y en el sermón donde habla de Cristo como el único maestro, dirá también que la puerta de acceso a la Jerusalén celeste es el Corazón de Jesús, y citará el capítulo X del Evangelio según Juan, en el cual

---

[24] El ojo de Dios era representado por los judíos a través de un triángulo radiante. Ojo en hebreo se dice '*Ayin* y corresponde también al nombre de una letra del alfabeto cuyo sonido viene dado por una *fuerte aspiración*; corresponde al número 70, es decir, siete, el número de los días según el *Génesis*, se corresponde con los días de la creación multiplicado por diez, número que se representa con la letra *jod*, la más pequeña de las veintidós letras hebreas. *Yod* es el Uno en la manifestación de su omnipotencia a través de lo creado: en efecto, los números verdaderos son nueve, todos procedentes del uno y contenidos en él virtualmente, el diez no es más que el uno mismo en la plenitud de la expresión del nueve.

[25] P. Vulliaud, *La Kabbale juive*, I, p. 215.

[26] Buenaventura, *Legenda*, IV. 3.

[27] *Ibidem*, IX, 2.

el buen pastor se revela como la puerta del redil. Siempre en el capítulo X de San Juan, Jesús dice que cualquiera que haya llegado por la puerta del redil podrá entrar y salir y encontrar pastos; es la salida de la creación desde el seno de Dios, y el santo que entra y que sale participa en el acto creativo viviendo en cada criatura. Encuentra pastos en todas partes porque es manso, y los mansos poseerán la tierra; la realidad de todas las cosas es su pasto, que se regocija por él y en él.

Es así que en la humillación el santo alcanza la humildad, la cruz del dolor se transforma en la cruz metafísica y mística: ya no hay tan siquiera un verdadero diálogo entre él y Dios, sino entre el Hijo y el Padre por el Espíritu Santo, y en ese coloquio de amor el santo se abandona por completo, olvidándose de sí mismo como una gota de agua en una gran cantidad de vino. Esta última expresión, ciertamente inspirada por la experiencia cotidiana y eterna de la Misa, se encuentra en el *De diligendo Deo* de San Bernardo, el gran abad de Claraval, quien en la carta al abad de Fontenay señala a Jesús como guía hacia la humildad y, sólo a través de ella, hacia la verdadera sabiduría.

El abrazo milagroso del Crucifijo que primero estrechó a San Bernardo, después a Francisco de Asís, para ser finalmente considerado emblema de los frailes menores, quizás indica la superación del amor carnal de Cristo en el amor espiritual del que el mismo abad de Claraval hablaba a sus monjes; la crucifixión última en la que el santo muere con el Cristo-hombre para resucitar en el amor de las criaturas en Cristo-Verbo del Padre y Palabra creadora.

* * *

La paz de San Francisco es por ello la paz verdadera de los resucitados; la paz total de quien ha sentido la pasión y la amargura por una humanidad tibia e indiferente, que ha sentido y sufrido la guerra de las armas. En efecto, ya había pasado a una vida seráfica cuando en el año 1219, en Damieta, se interesó por la cruzada e inspirado por Dios aconsejaba a los cristianos posponer toda incursión; pero no habiendo tenido en cuenta los cruzados su consejo, Francisco tuvo que presenciar con dolor la matanza. «Porque, en efecto, si se espera la victoria desde lo alto, se debe librar la batalla siguiendo la inspiración Divina»[28].

Había combatido hasta el final la batalla de la Cruz, soportado la aridez del Sepulcro, y la paz que Dios le daba no era indiferencia ante las guerras del mundo, pues la paz de los resucitados actúa sobre todas las cosas creadas. Entre él, místicamente resucitado, y los hombres aún al otro lado del Sepulcro y de la Cruz, extendió generosamente su humildad para tocar las almas más indiferentes llamándolas a la buena voluntad del Pesebre, a la Gruta del Niño Jesús, del Verbo que desciende a los corazones de los hombres demasiadas veces fríos e inhóspitos. Y justo en el mismo año en el que recibía los estigmas, construía el primer Pesebre dando inicio a la más querida y popular tradición navideña. San Bernardo contempló como ningún otro antes que él a Jesús en el pesebre; sus sermones en el Adviento del Señor y en la Natividad son aún hoy documentos de sabiduría y poesía verdaderamente sublimes. También en esto San Francisco difunde en el mundo laico lo que la Gracia había hecho germinar en los monasterios benedictinos; lo que para el Santo cisterciense había sido un don de sabiduría, para los humildes seguidores de San Francisco se convierte en sagrada representación para conquistar las almas de los hombres más rudos a través de la fantasía y la ternura. Los frutos de la contemplación benedictina encienden así al mundo en la guerra santa franciscana y, por tanto, en la paz seráfica.

* * *

Las relaciones entre San Francisco y los hombres del mundo se concretaron, como todos saben, en la institución del Tercer Orden seglar, institución esencial para un orden activo. En el Tercer Orden toda la actividad del Franciscanismo se manifiesta en el seno de la sociedad.

En la sociedad medieval, como en toda sociedad *civil*, es decir, estructurada en una *civitas*, el individuo concebido como ente en sí,

---

[28]Tomás de Celano, *Vita seconda*, IV.

orientado únicamente hacia los intereses terrenales, era considerado nocivo para su propia salvación y la de los demás; todos tendían a reunirse en órdenes, corporaciones, cofradías o colegios. Por otra parte, los hombres más humildes, como, por ejemplo, los trabajadores manuales, no podían ser aceptados en ninguna corporación sin haber demostrado antes, con su comportamiento, que habían hecho de su oficio no sólo un medio de subsistencia, sino un verdadero estilo de vida. Solo en tal caso, cuando la corporación podía confiar en su integridad civil, el trabajador era tomado en consideración como aprendiz por algún maestro para su admisión definitiva. Y era justo, pero por otro lado los humildes muchas veces eran obligados, especialmente en los periodos más convulsos, a ponerse bajo el dominio de personas quizás poco recomendables. Esto constituía una plaga, particularmente en la Italia de los tiempos de San Francisco; los municipios, las facciones y los partidos se enfrentaban los unas contra los otros, a menudo de forma especialmente sanguinaria, y el pueblo llano era reclutado aquí y allá como instrumento de odio y de violencia.

Al instituir el Tercer Orden, San Francisco también dio a los más pobres una cofradía donde todos fueran educados y sostenidos. Después de que los dos primeros, el Beato Lucchese de Poggibonsi, molinero, y su mujer Buonadonna fueran acogidos en 1221, se dio la oportunidad de ceñirse el cordón franciscano a cualquiera; los mismos maestros y priores de las Artes eran admitidos, y a menudo corporaciones enteras, de modo que los humildes trabajadores manuales se sentían ya considerados como hermanos de las maestranzas. La prohibición a los terciarios de llevar armas contribuía mucho a calmar los desórdenes; y estaba limitado, por otra parte, a quienes no tenían ni vocación ni investidura para las armas: «Los hermanos no lleven consigo armas ofensivas si no para la defensa de la Iglesia Romana, de la Fe Cristiana, o también de su tierra, o con *licencia de sus ministros*»[29].

Y, de hecho, no depuso la espada, aunque se hizo terciario, San Ludovico rey de Francia, como no la depusieron los caballeros de la

---

[29] Primera regla del T.O.F., VII.

Orden del Santo Sepulcro, considerados franciscanos. Con el Tercer Orden, el concepto de fraternidad cristiana viene colocado en su auténtica luz, es decir, no como un principio igualitario y nivelador, sino como un ferviente amor que revitaliza toda la jerarquía social, desde los reyes hasta los últimos súbditos, como sarmientos de una única vid. Lo que San Francisco temía para la humanidad no era la autoridad legítima y tradicional de lo alto, ni el heroísmo o la vida caballeresca (pues, de hecho, amaba todas estas cosas como reguladoras del orden civil), sino que despreciaba el mundo del dinero: sentía acercarse el tiempo opulento de los mercaderes, el mundo de Bernardone, donde el dinero se habría convertido en ley y autoridad; y temía por la salvación de los hombres. Una sociedad sana debía sostenerse sobre dos pilares: los monjes y los hombres de armas, y se percibe en las historias del Celanés y de San Buenaventura como San Francisco apreciaba especialmente las relaciones con unos y otros, y en las *Fioretti* se exalta esta cortesía, que estaba considerada precisamente como el primer requisito indispensable de toda realeza. Así se expresa San Francisco hablando de un noble caballero, generoso con los Menores: «Sabed, hermano queridísimo, que la cortesía es una de las propiedades de Dios, quien da su sol y su lluvia a los justos y a los injustos por cortesía, y la cortesía es hermana de la caridad, que apaga el odio y conserva el amor»[30]. Ningún programa político y ningún filósofo ha conseguido nunca ofrecernos en tan pocas palabras la que podría ser la figura ideal del jefe del Estado; en la experiencia franciscana, el poder y la majestad se muestran más por generosidad de la Gracia que por derecho divino. El *jus* deja traslucir su sustancial naturaleza de unión y de amor que consagra al hombre investido de la virtud real. Y cuando el noble señor entra en el convento para hacerse menor, San Francisco «... lo besa devotamente, agradeciendo a Dios, que había añadido a un caballero tan valioso a su compañía». El Tercer Orden y el amor de San Francisco llegaban donde el caballero nunca habría llegado en la desvirilizada sociedad moderna: a proteger a los pobres y débiles y a convertir a los violentos.

---

[30] *Fioretti*, XXXVII.

Francisco sentía a través de toda la sociedad y por todo el universo lo que los sabios hindúes y los monjes budistas llaman *Ahiṃsā* o amor cósmico, la Caridad de Dios en lo creado; sentía como el amor era la única realidad verdadera de las cosas.

Todo cuanto se puede ver, tocar y escuchar, no era para él más que el amor manifestado, amor de Padre enamorado del Hijo, que por el Hijo crea; y la alegría del Verbo resucitado era alabanza en todas y a través de todas las criaturas. De este amor desbordan sus días en La Verna y en su crucifixión; Francisco, que realmente ama, calla y escucha al Hijo hablar al Padre en el silencio de Su Palabra, silencio blanco, colmado de toda armonía como el blanco rayo de luz es rico de todo color. En el umbral del Uno, del Corazón crucificado, el Querubín que guarda el Paraíso no fulmina a Francisco con la espada en llamas, y el Serafín lo marca con Estigmas; también Miguel Arcángel, fuerza de Israel, guía de los Macabeos y de los Esenios en el desierto de Judea, se presenta ante Francisco revestido de cruz, para revelarle que la destrucción de aquellos peñascos quebrados era el efecto del terremoto por la crucifixión de Jesús. Pocos años antes había sido San Francisco quien subió al monte Gargano, donde el altar consagrado por el Arcángel Miguel hace santa una gruta que tanto recuerda a los peñascos de La Verna. «Terrible es este lugar, aquí está la casa de Dios y la puerta del cielo»[31]. Quizás estaba cansado por el largo viaje, pero ciertamente siempre humilde San Francisco, que por la *puerta del cielo* no se atrevió a entrar; se arrodilló ante la entrada de aquella caverna donde la piedra severa y atormentada hace concreta cada batalla entre el maligno y la luz; trazó con punta de hierro el signo del *Tau* en la roca y regresó al mundo de los hombres.

---

[31] *Gn* 28, 17; la frase se encuentra escrita en la puerta del templo medieval sólo desde 1595, pero ya se aplicaba en ese lugar en sentido acomodaticio desde los tiempos de la primera aparición del Arcángel ocurrida en el año 490.

Doctrina angélica y sabiduría seráfica

Un culto seguidor de Santo Domingo, visitó a Francisco mientras el Santo se encontraba en Siena, para entretenerse con él hablando sobre cuestiones de teología: «Entonces, dicho maestro le preguntó también sobre aquel pasaje de Ezequiel: "Si no le manifiestas al impío su impiedad, yo te pediré cuentas de su alma"[32]. Y añadió: "Yo, oh buen padre, conozco muchos que sé que están en pecado mortal, pero no siempre les reprendo en su culpa. ¿Tendré yo que rendir cuentas por esas almas?"»[33]. Francisco al principio se abstiene de responder, y solo cuando el teólogo le traslada la cuestión sobre el juicio de la propia responsabilidad a la mera interpretación del pasaje, humildemente satisface su pregunta: «Si este dicho debe ser entendido genéricamente, creo que significa que el siervo de Dios debe ser tan ardiente en santidad que reprenda con la luz del ejemplo y con la elocuencia de sus acciones a todos los impíos. Así, el esplendor de su vida y el ardor de su fama mostrarán a todos su iniquidad». El otro se queda muy asombrado, y al partir le dijo a sus compañeros del Santo: «Hermanos míos, la teología de este hombre, fundada en la *pureza* y en la *contemplación*, vuela como un águila; en cambio, nuestra *ciencia* se arrastra con el vientre pegado al suelo»[34].

El hecho también es relatado por Fray León en su *Speculum* en el párrafo 55.

Francisco es interrogado precisamente sobre un pasaje de Ezequiel, el profeta de la visión del carro de fuego, en cuyo libro se funda toda la gnosis del *Tau*, así como el Apocalipsis de San Juan.

Desde el plano moral, la respuesta de Francisco es del todo coherente con su forma de sentir la gran y pequeña guerra santa, bien fusionadas en la predicación de la minoridad del ejemplo y de la humildad; y desde el plano teológico-metafísico nos indica toda una especulación más interior que dialéctica, más contemplativa y

---
[32] *Ez.* 3, 18.
[33] Tomás de Celano, *Vita seconda*, II, 59.
[34] *Ibid.*

suprarracional que racional y sapiencial antes que docta o científica. El maestro predicador compara con una breve alegoría la teología franciscana con el águila (que, por otro lado, entre los cuatro querubines del Apocalipsis y de Ezequiel simboliza el Evangelio de San Juan); y la ciencia con algo que se arrastra por la tierra, como la serpiente de la dialéctica, entre lo verdadero y lo falso, entre el bien y el mal.

Si la teología dominica está bien plantada en la tierra con la filosofía aristotélica para construirse de manera fuerte y ordenada hasta el cielo, la teología franciscana procede en su integridad de los estigmas de San Francisco. Juan de Fidanza, llamado Buenaventura, escribió sus más hermosas y fundamentales páginas en La Verna, precisamente bajo la roca donde Francisco había recibido los estigmas, y la imagen del serafín no es solo el hilo conductor del *Itinerarium mentis in Deum* y del *De sex alis Seraphim*, sino un motivo al que a menudo vuelve en sus obras, casi como para alimentarlas con nuevo pensamiento. Entonces nos encontramos en presencia de dos teologías diferentes, pero ambas enfocadas hacia el pensamiento oriental. Con la afirmación de las órdenes mendicantes sobre las cátedras de París se abre para nuestro Medievo un nuevo periodo de investigación y búsqueda; la teología y la filosofía empiezan a nutrirse de las fuentes árabes y hebreas; no es sólo Aristóteles y Boecio quienes nos aparecen en los textos de los pensadores cristianos, sino el Aristóteles de Al-Fārābī, de Avicena y Averroes.

Y aquí se muestra el primer aspecto interesante de complementariedad entre la teología dominica y la franciscana, porque San Alberto Magno y Santo Tomás de Aquino utilizarán los textos árabes, especialmente para extraer el pensamiento del Estagirita, y pasar después a la refutación de los errores, como hizo el mismo Santo Tomás respecto a Averroes. No es casualidad que la orden de Predicadores fuera fundada por Santo Domingo para la lucha contra los Albigenses, y la teología tomista se revela particularmente dialéctica, y en consecuencia más apta para la refutación, precisamente por su aristotelismo.

Volver a la Ascesis

Por su parte, los franciscanos se dedicaban muy poco a combatir las herejías de su tiempo, sino que se ocupaban sólo de narrar en bellas páginas las maravillas del dogma dejando que quienes morían en el error sepultaran teorías más muertas que aquellos que las habían formulado.

Por otro lado, el solo interés científico no es suficiente para justificar la enorme influencia del pensamiento árabe y hebreo sobre el pensamiento cristiano del siglo XIII. Contactos más directos e inmediatos, más íntimos y profundos deben haber preparado este terreno ya fértil para nuestros teólogos. Es necesario remontarse a las Cruzadas, a las relaciones que los caballeros templarios tuvieron con los caballeros musulmanes, y especialmente en la predicación de los Menores.

Todavía no había desaparecido de esta tierra San Francisco de Asís cuando por todas partes se encontraban franciscanos, descalzos e incansables, muchas veces escuchados y bien acogidos; quizás más a menudo flagelados y rechazados, pero siempre enamorados de las criaturas y del rostro de Cristo que reconocían sobre cada rostro humano, de su palabra, de cuya palabra los hombres eran el eco vivo y cálido.

Fue así como el pensamiento franciscano supo reconocer en el pensamiento oriental algo más sutil y esencial de cuanto lo habían sido las doctrinas aristotélicas. Los frailes menores amaron más la paciente sabiduría de quien habita en la tienda, del nómada que *no tiene donde reposar la cabeza*, del errante que a los ojos del alma cristiana reclama la presencia de Su espíritu que *sopla donde quiere*... No es suficiente por sí sola la teoría de la iluminación agustiniana para explicar el *contuitus* de San Buenaventura; el mismo hecho de que el *Doctor seraphicus* prefiriese la tradición platónica a la aristotélica, y que la escuela franciscana del siglo XIII siempre se esforzara en mantener en alto la teoría de la iluminación frente a las críticas de los tomistas, debe impulsarnos a buscar a fondo las razones íntimas y suprarracionales. Quizás se deba a un contacto más directo con el Oriente, que los Menores mantuvieron desde el mismo fundador, si Buenaventura y sus seguidores sintieron siempre el Verbo de Dios como la luz de cada movimiento espiritual y como el aire sin el cual el alma queda paralizada en cada uno de sus actos, incluso en el plano del conocimiento natural de Dios.

Bajo este aspecto el mismo Duns Scoto nos parecerá más agustiniano de cuanto nos pudiera parecer a simple vista; de hecho, su aristotelismo se limita solo a la filosofía, mientras que en el campo teológico, Aristóteles es dejado de lado por él en ventaja de la fe y de la omnipotencia de Dios. Entre los pensadores árabes que se inspiraron en Aristóteles, Scoto prefiere a Avicena, quien se acercó al Estagirita más para servirse de sus teorías para una nueva filosofía mística que con el objetivo de comentarlos: en cambio, esta fue la tarea del controvertido Averroes.

Por lo demás, en el mundo árabe el aristotelismo ya había sido eficazmente combatido por el místico Al-Ghazālī, y los seguidores del Estagirita, expulsados de casi todo Oriente Medio, sólo pudieron establecerse en España, la patria de Santo Domingo de Guzmán. Sobre el franciscanismo influía más la sabiduría de los musulmanes de Oriente que la especulación racional de los musulmanes de España; y, de hecho, el Sufismo de Al-Ghazālī, totalmente fundado sobre la iluminación mística y la pobreza, era plenamente coherente con el ideal de los Menores.

El orden de los Predicadores había conseguido, especialmente con Alberto Magno y Santo Tomás de Aquino, afirmar el aristotelismo en la Universidad de París y en los mayores centros de pensamiento del mundo cristiano, precisamente cuando la desconfianza de las autoridades eclesiásticas hacia la doctrina del Estagirita estaba tomando forma en condenas cada vez más abiertas con las consiguientes retractaciones. La de Santo Tomás fue una victoria grandiosa porque, solo con la evidencia y la claridad de su *Summa* convirtió en admiración la desconfianza de los cardenales y pontífices. En cambio, a los franciscanos les correspondió la defensa y la afirmación de la teología mística, cuando más tarde, especialmente en España, la prudencia de los obispos primero, y después del Santo Oficio, creció gradualmente hasta adoptar actitudes casi excesivas, especialmente contra aquellos autores espirituales que preferían la lengua nativa al latín.

En el siglo XIV, cuando los cristianos de España mostraban a menudo sus preferencias por las novelas de mística musulmana, el franciscano Raimundo Lulio opuso su *Blanquerna* a la novela espiritual de Ibn-Ṭufayl, entonces muy difundido entre los cristianos españoles.

Es evidente que Lulio combatió su cruzada con las mismas armas del adversario y su obra bien pudo considerarse de inspiración oriental. Fiel a los tradicionales principios de la guerra santa, él considera la caballería como estrechamente conectada al monacato[35]; y distinguiendo la vida cristiana en cinco estados complementarios, exhorta a cada fiel a seguir su propia vía mística.

Incluso después de la definitiva reconquista de España por parte de los cristianos, profundas huellas de las doctrinas místicas musulmanas permanecieron, y era muy grande el número de ellos que se definían como *alumbrados*, es decir, iluminados directamente por Dios[36]. Es innecesario mencionar también como los protestantes del siglo XVI, todos enardecidos por sus primeros éxitos, lograron con demasiada frecuencia dirigir esa *iluminación* hacia sus fines en su propagación, también en España, del libre examen de las Escrituras. Por tanto, la tarea que asumieron los Carmelitas descalzos de devolver el misticismo y la verdadera contemplación a los

---

[35]Un joven escudero, quedándose dormido sobre su propia montura mientras se dirige hacia un pueblo para recibir la investidura como caballero, es llevado por su propio caballo al corazón de un bosque. Despertándose de repente se encuentra frente a un eremita que lo acoge en su morada y, al conocer el objeto de su viaje, le revela que había sido un conde que llegó más tarde a la vida monástica gracias al impulso que la santa y generosa vida de caballero había encendido en él. Esta es la anécdota que abre el tratado de caballería de Raimundo Lulio. Es particularmente significativo este sentido de comunidad de orígenes entre caballería y monacato.

[36]Esta iluminación inspirada por las doctrinas islámicas, aunque tergiversadas e inoportunamente vulgarizadas, recuerda la admirable y ortodoxa teoría del *contuitus* natural que San Buenaventura asociaba con la iluminación agustiniana sin confundirla con ella. De la confusión de dos principios análogos de *iluminación* de origen musulmán surgía precisamente el movimiento de los *alumbrados*, muy difundida, especialmente en Andalucía.

monasterios fue difícil y ardua, y la de los Jesuitas, de llamar a los seglares al ascetismo del ejercicio del carácter (*askéō* = ejército) y a la virtud, bajo las enseñas de Cristo. Y todavía la inspiración del pensamiento franciscano venció la oportuna y tempestiva desconfianza del Santo Oficio; en la obra de dos franciscanos, de hecho, se funda principalmente el pensamiento de Santa Teresa de Ávila: sobre el «Tercer abecedario espiritual» de Francisco de Osuna y sobre el «Tratado de la oración y de la meditación» de San Pedro de Alcántara: mientras «La subida del Monte Sión» del menorita Bernardino de Laredo quizás haya inspirado en San Juan de la Cruz la idea de «La subida del monte Carmelo». Entonces, es cierto que Carmelo se descalzó sobre las huellas de la humildad y la pobreza franciscana; y el fundador de la Compañía de Jesús, San Ignacio de Loyola, totalmente deseoso de quemar a los Dominicos del Santo Oficio con el fuego del Espíritu Santo, debe a San Buenaventura la base teológica de sus «Ejercicios espirituales», ya que los propios ejercicios de Cisneros, en los cuales se inspira directamente la obra de Ignacio, parten de la teoría bonaventuriana de las tres vías.

Entonces es evidente, incluso desde el perfil que la Providencia ha trazado en la historia del pensamiento eclesiástico, como la orden de Santo Domingo y la orden de San Francisco, son verdaderamente como las dos ruedas del carro sobre el cual la Iglesia pudo y aún puede defenderse válidamente. Eficaz y casi profética, por tanto, es la alegoría de Dante en el duodécimo canto del Paraíso.

Así como la teología dominica es la teología de Pedro, la franciscana es la teología de Juan. De hecho, la ciencia de Santo Tomás es la gran ordenadora del pensamiento cristiano, la teología del método prudente sobre el cual los Papas han fundado siempre la estructura de la doctrina ortodoxa; la teología franciscana, en cambio, está completamente centrada en el impulso místico, en la elevación del intelecto, en la agilidad de la intuición, tan brillante como segura.

Todo el pensamiento occidental tiene su origen en el tomismo y, a pesar de las mejores intenciones del *doctor Angelicus*, del tomismo toma (aunque no se justifique) el pensamiento laico moderno, en una progresiva desvinculación de la filosofía respecto a la teología. Si todavía hoy toda la civilización india puede considerarse fundada por los Vedas, si todas las civilizaciones de cultura islámica se fundan todavía en el Corán y en la tradición religiosa del Islam, lo cierto es que no podemos decir igualmente que nuestro alabado progreso occidental se funde siempre en los Evangelios, en los valores cristianos y en la tradición bíblica.

Desde que «una rueda de carro / con la que la Santa Iglesia se defendió» fue considerada casi oficial y única depositaria del pensamiento teológico, mientras la de Francisco, solo maestra de abnegación y de pobreza, el ímpetu del laicismo ha prevalecido sobre el mundo cristiano; hoy, que la filosofía se ha precipitado hacia el más crítico existencialismo (por no hablar de los sofocantes residuos del idealismo como el historicismo y el actualismo), se hace más urgente el retorno a la unidad del pensamiento en la fe y en la contemplación. Y solo desde un nuevo equilibrio entre las teologías de las dos principales órdenes mendicantes, fundado precisamente en la diversidad complementaria del pensamiento, se puede esperar un eficaz renacimiento de la teología católica; renacimiento capaz de devolver a las palabras de los hombres el sentido de la Palabra de Dios y al pensamiento humano la luz del Verbo, indispensable para cualquier búsqueda que no sea un vano errar (y, por tanto, un error), un esfuerzo estéril en un camino largo y tortuoso sin la certeza de un destino. Precisamente una revalorización de la teología bonaventuriana, que ve en el Verbo generado en lo eterno y encarnado en el tiempo el primer medio de todo conocimiento[37], podría ser un augurio de una verdadera sabiduría inspirada, donde la ciencia encuentre su santificación como instrumento para embellecer el trabajo para la gloria de Dios[38].

---

[37] *De reductione artium ad theologiam*, VIII.
[38] *Ibid.*, XIII.

Attilio Mordini

Aristocracia de Señora Pobreza

Según San Buenaventura, Cristo es el centro de toda realidad y, por lo tanto, es maestro de todas las artes y de todas las ciencias. En su *De reductione artium ad theologiam*, sigue a Hugo de San Víctor, quien en el *Didascalicon* (II, 21) había dividido el arte mecánico en siete partes: la fabricación de telas y armaduras para proveer vestimenta, la agricultura y la caza para los alimentos, la navegación y la medicina para suplir lo que falta, y finalmente el teatro.

Por lo tanto, queda excluido de la concepción de San Víctor y Buenaventura todo comercio con fines de lucro. En cambio, la navegación se entiende ya desde la perspectiva franciscana como un modo para obtener en otros lugares, mediante el intercambio de mercancías, lo que una región dada no puede producir por sí sola.

De la armadura, según el *Didascalicon* y el *De reductione artium ad theologiam*, se deriva cualquier arte que se ejerza sobre cuerpos rígidos como la carpintería, la arquitectura etc. San Buenaventura no consideraba todavía el hecho de que el propio San José, por el cual sentía una particular devoción, pudiera proceder de una comunidad esenia, y sin embargo, de manera sorprendente, sintió el vínculo que unía casi fatalmente al artesano con el hombre de armas. De hecho, la misma voz latina *ars* deriva del griego *areté*, que significa tanto virtud moral y maestría en la creación y el trabajo, como *virtus* o valor en batalla, según se tome en su acepción ática u homérica.

Es una palabra que parece proceder con toda probabilidad del nombre de *Ares*, es decir, de *Marte*, dios de la guerra y de la armadura, vivificador de toda articulación jerárquica; de hecho, *artýō* quiere decir tanto conectar y unir, como golpear y forjar sobre el yunque; no es fruto de la casualidad que Venus, diosa de la belleza, sea presentada por los mitos griegos como esposa de Vulcano y amante de Marte: y a Marte estaba dedicado precisamente el Areópago.

En los escritos de Hugo de San Victor y de Buenaventura se

advierte entonces, como en ningún otro texto tradicional de la época, la íntima conexión entre *Ares* y *areté,* entre *Marte* y *arte,* y finalmente entre el *arte* y la *articulación* de los mecanismos de los cuerpos rígidos que, de in-ertes (sin arte ni articulación) se vuelven ágiles y aptos para la obra amorosa del hombre[39].

En nuestros días la urgencia de una sociedad realmente cristiana, jerárquica y ordenada hacia el supremo vértice, ha sido destacada admirablemente por Giorgio La Pira en su discurso con ocasión del Congreso de Beirut.

Sin embargo, cabe señalar que el reclamo a la ciudad libre como un punto de referencia casi ideal en los fines para «reconstruir la Pirámide» no ofrezca, quizás, la suficiente validez.

De hecho, es precisamente la ciudad entendida como comuna libre güelfa la que prepara históricamente la moderna sociedad capitalista y burguesa en el sentido peyorativo de la palabra (en alemán *Bürger* significa ciudadano), implícitamente ya materialista y atea. Por otra parte, es necesario desplazar el objetivo de la comuna güelfa al aspecto heroico y caballeresco del Medievo. Incluso queriendo retomar la civilización de la Grecia precristiana, no es ciertamente la Grecia decadente del democratismo (entendiendo con esta palabra la degeneración de la democracia), la que puede representar un valor para el hombre religioso y, por tanto, verdaderamente civilizado; sino la Grecia homérica, donde nada de positivo podía ser concebido y realizado si no estaba orientado hacia lo alto, hacia el Olimpo y el heroísmo. Expresiones de heroísmo son, de hecho, el mismo orden y la misma pobreza hacia los cuales todo el discurso de Beirut se dirige en cada palabra[40].

---

[39] Cfr. «L'Ultima», 80, 1956.

[40] Giorgio La Pira, que por extraña coincidencia es hijo de un comerciante, como San Francisco, es al mismo tiempo terciario dominico y franciscano; a través de su actividad busca una síntesis entre el espíritu franciscano y el pensamiento tomista; síntesis que solo en Dante (el cual, por otro lado, no es solo un poeta sino incluso un rapsoda de la auténtica sabiduría) está plenamente lograda. Y el sumo poeta, terciario y franciscano de la Santa Cruz, pudo alcanzar la unidad entre franciscanismo y tomismo remontándose a San Bernardo de Claraval y la tradición templaria.

Bienvenida sea la laboriosa Comuna para hacer del hombre un continuador libre de Dios en el *Opus Magnum* de la creación y en el arte, pero que esté bien fundado en la generosidad caballeresca además de la Caridad del monasterio, para que precisamente el arte se transmita de generación en generación siempre íntegramente rico en todo su sentido primordial de *areté*.

Los inquietos Tersites del pacifismo a toda costa no representan (seamos claros) más que la falsificación demoníaca y embaucadora del hombre pacífico: y el gran Homero, aunque ignorante de toda experiencia histórico-política posterior, siempre pareció intuir en esta figura plebeya la débil opulencia de la última Grecia mantenida a distancia por el cetro de los reyes: el cetro que, en las libres asambleas populares, pasaba de mano en mano, para *consagrar* a cada miembro que, en su turno, tomaban la palabra para exponer su consejo orientado hacia el bien común.

De modo que toda civilización tradicional vio en el poder la casta de los hombres de armas, providencialmente asistida por la casta sacerdotal; en cambio, siempre que el poder fue transferido a la burguesía, siguió un inmediato debilitamiento de la religión y entonces la decadencia de todo lo sano con un valor civil, mientras que el ateísmo más crudo prevaleció apenas cayó el poder en las manos del proletariado. Y no es, ciertamente, por culpa del pueblo, sino por la estructura casi ontológica que Dios mismo ha dado a la sociedad. En una sociedad cristiana no deben existir castas, es cierto, pero el Estado siempre debe regirse sobre jerarquías y órdenes, no rígidamente hostiles a todo cambio, pero sí bien firmes en sus constituciones fundadas sobre la ley; y sólo esto puede garantizar que el bienestar material del pueblo sea siempre, y exclusivamente, considerado como un *medio*, para los *fines* trascendentes de la persona y toda la sociedad[41].

---

[41] El mundo opulento de Bernardone y de la economía mercantil, sobre el que se funda hoy la crucifixión de los pobres y que La Pira y Dossetti justamente denuncian, ha surgido justamente de los comunes libres güelfos. En cambio, es al gibelinismo a quien se deben las iniciativas más decididas contra el mundo del dinero; el *Privilegium Othonis* no fue un bien para la Iglesia, que debía esperar de los decretos imperiales la designación de los Papas. Sin embargo, no

Volver a la Ascesis

Si el único principio social para un mundo cristiano es el amor y la pobreza, el único fundamento que le corresponde es la roca de la renuncia, no la arena del temor y de la miseria; y la miseria será eliminada precisamente cuando la pobreza haya revelado plenamente su eficacia según los designios de la Providencia divina. De hecho (es doloroso decirlo pero no por ello menos verdadero), incluso la miseria más oscura tiene su providencialidad, y es una triste necesidad implícita precisamente en el ideal burgués del *nivel de vida*.

Con la idea, por lo demás infundada desde el punto de vista cristiano, según la cual los hombres siempre deben progresar en las comodidades materiales, nos hemos creado el ídolo del mínimo necesario[42], pero este crece cada día según las más recientes conquistas técnicas del momento; y quien sabe hacia dónde nos llevaría, cuántas y qué comodidades y blanduras el inquieto mundo moderno sería capaz de «consagrar» como *indispensables*, si no existiera en el mundo gente pobre en la indigencia más desesperada para advertirnos y reclamarnos valores más sustanciales. Los pobres son así crucificados precisamente por culpa de la concepción burguesa-proletaria: tal vez no haya otro camino para que el mundo tenga una forma de acordarse que ha sido creado para Dios. Y es por esto que el comunismo de bienes no ha sido nunca una realidad allí donde fue invocado solo como bienestar. Ni tan siquiera en Rusia existe hoy comunismo; el comunismo siempre ha sido en

---

se puede negar que sirviéndose de este privilegio los emperadores dieron a la Iglesia pontífices pobres y rectos, a los que no se puede comparar ni remotamente a los papas salidos de los cónclaves en los tiempos posteriores del güelfismo imperante. Por otra parte, el emperador (al cual, desgraciadamente, solo le quedó el nombre), en las largas guerras de religión sostuvo hasta el final la causa del catolicismo.

[42]Los Evangelios no mencionan un mínimo necesario, sino que hablan de un superfluo: ¿pero cómo determinar un superfluo si lo necesario no está definido? Muy sencillo: todo es superfluo para el hombre, incluso la propia vida (quien la ama la perderá); solo Dios puede considerarse verdaderamente necesario para el cristiano que debe abandonarse a Él *como los pájaros del aire y los lirios de los campos*. Y solo en un segundo momento, los Actos nos dicen que los bienes eran dados a todos *según la necesidad de cada uno*.

todas partes una mera utopía, con la excepción (y no es casual) de los monasterios y para ciertas órdenes caballerescas como el heroico amor a la pobreza y a la vida espiritual, de recogimiento para los primeros y de generosa dedicación para los segundos, han sido norma de vida común.

Considerando particularmente el mundo obrero, se debe reconocer cómo y en qué medida es actual el pensamiento de San Buenaventura, que, en el ya recordado *De reductione artium*, hace derivar el trabajo sobre los cuerpos rígidos de la armadura de guerra. De hecho, hay en el trabajador de la fábrica una necesidad, a menudo inconsciente, pero no por ello menos fuerte, de sentirse encuadrado y disciplinado como un soldado; esta exigencia se debe a la forma colectiva de la vida de la fábrica por lo que respecta al encuadramiento, y a la rigidez de la misma materia del trabajo en lo que concierne a la disciplina; rigidez que ejerce una sugestión muy poderosa sobre el ánimo del trabajador, casi hasta hacerle presente la alta y recta belleza de la Cruz en su grandeza.

Es ingenuo creer que el trabajador se encuadra y se organiza casi exclusivamente por la reivindicación de sus derechos sociales; en realidad tras la bandera sindical hay una verdadera *forma mentis* militar que vincula al artesano con el combatiente. El trabajador suele ser generoso, tal es así que sus reivindicaciones no son nunca individuales sino siempre colectivas; su cálido ímpetu se dirige de inmediato hacia los compañeros; es más bien el campesino quien busca con cada esfuerzo la mejora de la propia condición económica; y es tan cierto que la mayor parte de las veces el trabajador muere en empresas que reportan más daño que ventajas, tanto a sí mismo como a su familia. Esta es la inconsciente espiritualidad que agita a los trabajadores, una espiritualidad de la cual los marxistas se sirven desde hace un siglo para manipular a las masas de trabajadores de cada fábrica. Si esta exuberante generosidad en el trabajador no está dirigida a convertirse en viril caridad cristiana y verdadera «caballería» en el sentir profundamente a Dios en cada sacrificio y a la Cruz en el hierro de la herramienta como el caballero medieval sentía el hierro de la espada, si la sociedad pretendidamente cristiana ofrece al trabajador solo la blandura de los tibios, no le queda otra cosa que la utopía roja; y esto no tanto por la afirmación de sus derechos materiales, como por la necesidad inconsciente de una paz fuerte y verdadera que lo impulse a ofrecer generosamente su vida. Así se abre al marxismo con el mismo ímpetu que debería haber dirigido a Dios.

Y aquí surge la necesidad de una teología franciscana, es decir, que sea tanto sapiencial como docta, y profunda, precisamente por ser verdaderamente concreta y simple, capaz de preparar educadores aptos para *iniciar* al obrero y a cada trabajador para su propia ascesis. No debería preocuparnos tanto la alfabetización como la insensatez, que hace vana, cuando no incluso dañina, cualquier otra instrucción.

Si muchas son las tareas en la casa del Padre, cada una de estas es una vía distinta hacia una única verdad; y es absurdo pensar que el trabajador pueda santificarse siguiendo el mismo camino que una persona perteneciente a cualquier otra categoría social. Hoy, los trabajadores se han visto encerrados en un desconfiado clasismo, pagando un alto precio por un engaño del que ellos mismos no son culpables, sino precisamente el progreso occidental que los ha reclutado en las fábricas bajo la enseñanza de que todos los hombres son iguales en cuanto a individuos de una misma especie; un grave error que ciertos cristianos han creído poder rebautizar por el hecho de que Jesús dio su sangre por todos.

Es cierto que para el Salvador cada hombre vale toda su preciosísima sangre, pero de una forma muy distinta para cada persona humana, hasta el punto que podríamos decir que la personalidad de cada hombre viene dada justo de una forma particular, en la cual Cristo se ha encarnado y ha muerto por él; y los hombres tienen el deber de buscar a Dios distribuyéndose en el orden social y reagrupándose según las variedades de vida, de trabajo, de costumbres, de mentalidad, y no solo por exigencias sindicales.

Sintiéndose incomprendido, el obrero, lejos de poner mínimamente en duda la *sacrosanta* igualdad, en la que él, por otra parte, cree ver confirmada a menudo en la fraternidad evangélica (sin tan siquiera sospechar que cada fraternidad presupone precisamente la diversidad de los complementarios), se ilusiona con poder hermanar al mundo reduciendo todo a su misma clase social; y así cae en el marxismo. En cambio, la corporación del Medievo había comprendido profundamente como cada actividad conllevaba, con la costumbre, el compromiso de una ascesis particular para cada tipo de trabajo, en diferentes aspectos bajo un único heroísmo interior.

En cambio, hoy, y justo con la exasperación de los principios igualitarios, hemos caído absurdamente en el fragmentado mundo de la especialización en todos los campos, de la tecnología atómica hasta el más humilde de los trabajos. Solo que se trata de una distinción muy diferente: aquella era una complementariedad consciente para un ideal universal, esta es un continuo fraccionamiento en lo múltiple para una adoración cada vez más exigente del mundo y de sus necesidades, en lugar de Dios.

Concluyendo, el trabajo continuará siendo un sacrificio que crucifica al cristiano, o una manía de acción que disipa la vida del incrédulo, hasta el día en que los hombres logren liberarse del actual modo de concebir la producción y el consumo, modo determinado, por otra parte, por toda una falsa interpretación de la vida como bienestar material. Llegados a este punto, es muy difícil liberar al hombre de la angustia de tantas necesidades que él mismo se ha creado. A medida que la civilización occidental se volvía hacia la tierra para dominarla, a su vez era cada vez más dominada por ella.

Todo lo que hemos dicho no debe entenderse como una condena del progreso en sí mismo; no es el progresar en todos los ámbitos de la técnica lo que constituye un peligro para la civilización. Todo lo que el mundo occidental ha conseguido con el progreso es, sin duda alguna, un bien grandísimo; pero del verdadero valor de este bien solo podemos comprenderlo desde el desapego. Mientras sigamos siendo esclavos de los bienes obtenidos con el progreso, considerándolos indispensables, todo el progreso no será más que un sufrimiento y una carrera angustiosa. Correr por correr, sin saber ni siquiera hacia dónde y por qué.

En cambio, en el desapego, encontramos a Dios, que es el valor de todas las criaturas; y en Él se puede gozar verdaderamente de cada descubrimiento y de cualquier invención del hombre como de cualquier otra verdadera y santa belleza.

> Alabado seas, mi Señor, por la hermana Agua,
> que es muy útil y humilde, preciosa y casta.

San Francisco se consideraba a sí mismo como una *cosa inútil*[43] y, precisamente por esto, podía disfrutar de la utilidad de cada cosa. También los santos, como se ve, pensaban y piensan en lo *útil*; y precisamente sobre esta utilidad de lo santo debe volver a centrarse el progreso occidental; *útil* que no degrade nunca su belleza en un resentido *indispensable*; que, en el fondo, en las cosas percibidas como indispensables no ponemos verdadero amor, sino solo el fastidio de no poder obtenerlas. Si puede ser utopía creer en la realización histórica de una sociedad donde todos sean verdaderamente santos, es, sin embargo, un deber creer y actuar en la realización de una sociedad que se ordene y se funde en los santos: de una sociedad que pueda esperar ver un día los monasterios rebosar de gracia para derramar generosamente el blanco triunfo de Cristo sobre el mundo.

Qué no falte entonces el coraje de declararse aristócratas, precisamente por ser franciscanos. Y aquí se habla, obviamente, de aristocracia espiritual; que tal término, que implica *la fuerza de los mejores*, no puede ser tomado en otro sentido sin caer en el error del lenguaje babelesco de las modernas partitocracias. Solo en un clima pleno de aristocracia espiritual la pobreza puede convertirse en todas partes en *virtud* con toda su eficacia; mientras que en los regímenes mayoritarios, la progresiva sed de bienestar individual y material de la mayoría siempre aplastará la pobreza aristocrática de los pocos; y la cruenta historia de los hombres no se desplazará ni un solo milímetro hacia la amorosa suprahistoria de Cristo.

---

[43] *Regula Prima*, XXIII.

¿Cómo no darse cuenta de que Francisco, al llamar a sus Frailes Menores «mis caballeros de la Mesa redonda»[44], invitaba a la aristocracia a desposarse con la Señora Pobreza? Y lo hacía para salvarla del enriquecimiento del nuevo estado de cosas que se estaba perfilando con la naciente economía del florín, para llamarla a la generosa dedicación de los seguidores de Arturo y de Carlomagno, ricos solo en virtudes y de sagrada investidura en el interés espiritual y civil de la Cristiandad.

Mientras vivió, San Francisco no quiso que llamaran suya ni tan siquiera la celda que habitaba, sino que él mismo llamó *míos* a aquellos paladines descalzos por el mundo. Y si los municipios güelfos de su tiempo, aunque afirmaban en todas partes la autoridad suprema del Papa, fueron sordos al matrimonio con la pobreza, tras la muerte y canonización de Francisco todo tomó igualmente el camino del jactancioso progreso, en nuestros días, justo después de siete siglos, su exhortación, tan humilde como grande, hace estrecha y providencial necesidad de elección entre hacerse pobres y cristianos o renunciar a ser hombres; renacer en un concepto sagrado, jerárquico y aristocrático de la sociedad o renunciar a ser realmente libres. El «desapego», por tanto, no debe continuar siendo considerado como propio y exclusivo del santo canonizado y venerado sobre los altares, sino como un compromiso para todos los hombres que quieran preservar la propia prerrogativa de ser humanos.

Toda la sociedad está llamada por el franciscanismo a morir en el mundo; y también hoy el ritual para la vestimenta del Tercer Orden exhorta al novicio: «... *Accipe, frater carissime, lumen Christi in signum immortalitatis tuae, ut* mortuus mundo, *Deo vivas, fugiens opera tenebrarum...*».

Por tanto, una vida heroica, la vida franciscana, que por la Cruz haga resurgir a toda la sociedad. El heroísmo cristiano no es, debemos decirlo una vez más, el ímpetu de orgullo que degrada la fuerza a violencia y la majestad del hombre en arrogancia, es, ante todo, heroísmo de santidad como lo era para los Esenios y

---

[44] *Speculum perfectionem*, IV, 72.

Volver a la Ascesis

para los primeros cristianos de Oriente; todavía más, heroísmo de humildad y de estigmas; y la lección de los Estigmas nos es impartida justo hoy a los pies del Gargano, cerca del Santuario del Arcángel Miguel, vencedor en Dios de las batallas más espléndidas y de las tentaciones más secretas de cada alma humana. Esta vez, con una amonestación más grave, el estigmatizado es un sacerdote, y por él Cristo recuerda a todos que la verdadera paz puede estar cerca.

II
El saludo de la salvación

- L'Ultima, nr. 94-95

La tradición del saludo como deseo de paz y salvación es tradición de toda la humanidad en la esperanza de la encarnación de Cristo. En el salmo CIX David canta al Mesías como sacerdote según el orden de Melquisedec; San Pablo nos recuerda, en la carta a los Hebreos, que Melquisedec, sacerdote del Dios altísimo, era rey de Šalem (es decir, de Jerusalén), y *Šalem* significa paz, justo como el saludo hebreo *šalòm* y como el saludo árabe *salām*. El nombre de Melquisedec, siempre según San Pablo, significa *rey de Justicia*. Su rito, con el que acogió a Abraham, fue el rito del pan y del vino. Después de este saludo ritual, el Dios altísimo fue escudo del primer patriarca hebreo de las insidias de los Camitas.

En Melquisedec, rey de Justicia y rey de Šalem (es decir, de la paz), *Iustitia et Pax osculabuntur*[45], y es en ese mismo beso entre la Justicia y la Paz que se unen el cielo y la tierra, porque en la unión de la Justicia y de la Paz está precisamente la Redención de la humanidad, en la que una y otra se reencuentran a costa de la sangre del Redentor en la Crucifixión.

Es, en definitiva, ese beso entre la humanidad y la divinidad el que en el comentario al Cántico de los Cánticos de San Bernardo

---
[45] *Ps* 84.

de Claraval, es Cristo mismo. Todo el salmo LXXXIV preludia ya nuestro Ave María; de hecho, canta la misericordia de Dios que se acerca con su salvación, y después el abrazo de la misericordia y de la fe, más tarde el beso de la Justicia con la Paz, *Fidelitas germinabit ex terra, et Iustitia de coelo prospiciet. Dominus quoque dabit bonum, et terra nostra dabit fructum suum.* Y, de hecho, cuando el saludo de salvación y paz, *Šalòm*, será llevado por el arcángel Gabriel (que en hebreo significa fuerza de Dios) a la Vírgen María, su Espíritu la cubrirá, como ya en la creación se había cernido sobre la tierra *vacía* y el *abismo*. Y justo en el acto de la creación, como en la concepción de Jesús en el seno de María, la palabra humana de las *nupcias* encuentra su significado plenamente. La palabra latina *nuptiae* deriva del verbo *nubere*, es decir, velar, cubrir. *Nube* es, por tanto, la niebla que cubre la tierra; y el velo de la esposa simboliza el cubrimiento por parte del hombre que en la tradición siempre ha sido considerado como sagrado porque es la imagen del cernirse del Espíritu sobre la superficie de las aguas. De hecho, la mujer debe estar velada, también según San Pablo, porque la cabeza de la mujer es precisamente el hombre, y el hombre debe ir con la cabeza descubierta[46].

Ya los Asirios, desde el primer milenio, intuían en sus leyes que las mujeres casadas llevaran velo, mientras que se imponían severas penas a las siervas y prostitutas que lo usaran[47].

La inscripción sobre la Cruz, ordenada por Pilatos fue escrita en tres lenguas: hebreo, griego y latín. Son las tres lenguas sagradas en las que deben leerse las Escrituras; a cada una de ellas les corresponde un particular aspecto de la Revelación, y los tres aspectos son complementarios entre ellos. El aspecto hierático viene dado especialmente por la lengua hebrea, el filosófico-místico por la lengua griega, y el aspecto de la tradición histórica en la plenitud de los tiempos nos viene mostrado por la lengua latina. Cada una de las tres lenguas nos ofrece una particular versión del saludo de la Vírgen: *Šalòm*, que es principalmente la paz suprema; *Chaire*,

---

[46] 1 *Cor* 11, 3-16.
[47] Cfr. Moscati, *I Semiti*, Bari s.d., p. 68.

la gran alegría de la Caridad y de la Gracia; y finalmente Ave, la plenitud de la historia cargada del sentido espiritual de todo el universo que participa en la encarnación de Cristo.

El Espíritu que cubre a María es el Espíritu Santo, pues es por obra de la Tercera Persona que la Segunda se encarna; y el Espíritu Santo es Espíritu de Caridad. Precisamente la palabra latina *charitas* deriva del griego *cháris* y entonces del verbo *chairō*; significa pues causa de alegría y placer; y del mismo verbo deriva *Chaire*. El augurio de salvación, que en el texto original del Evangelio según San Lucas, el arcángel Gabriel ofrece a la Vírgen, corresponde también al hebreo *Šalòm*.

Según la primera epístola de San Juan, *Deus Charitas est*. El Ángel lleva la palabra *Chaire* casi para fecundar el castísimo vientre de la Vírgen; y es precisamente la *Charitas* que, en María, de la palabra del Ángel se hace carne por obra del Espíritu Santo. *Deus Charitas est... Maiorem Charitatem nemo habet ut animam suam ponat quis pro amicis suis*. De hecho, Jesús es la Caridad encarnada que desde la Cruz derramará sobre los hombres la nueva vida de los hijos de Dios.

El Ave del Ángel es entonces el sumo bien; y la tierra, María de Nazaret, que es precisamente tierra de Adán y nuestra tierra *dabit fructum suum*, dará su fruto. *Dominus tecum, benedictus fructus ventris tui...* Y la justicia... *ante Eum incedet et salus in via gressuum Eius*. Él, Jesús es, de hecho, el Camino; y entonces la justicia; la Vida, y en consecuencia la salvación.

En la tradición hindú la palabra sagrada de salvación es Om (ॐ); se trata de una monoptongación de Aum. Según los sabios de las *Upanishad* es palabra de plenitud:

> Esta sílaba Aum es el todo.
> Lo que fue, lo que es, lo que será,
> todo es el fonema Aum.
>
> Y lo que además está más allá de los tres tiempos,
> eso también es el fonema Aum[48].

---

[48] Tanto este texto *(Māṇḍūkya Upaniṣad* – Trad. Lesimple), como el siguiente,

El saludo de la salvación

Y en su significado, el saludo OM también se corresponde con el *Šalòm* hebreo, de hecho se dice: «Sólo mediante el monosílabo OM, aquel que sabe consigue este mundo de *paz*, sin vejez, sin muerte, sin miedo, el mundo supremo». (*Praśna Upaniṣad*, V – de la trad. Bousquet).

El diptongo AU lo reencontramos en muchos temas de aquellos términos latinos que extraen su significado de la plenitud o el acrecentamiento (raíz indoeuropea AUG); tal es el caso del verbo *aveo* (en latín u = v), que Meillet relaciona con *gaudeo*; *auxilium*, cuyo significado es afín al del sánscrito *oma* (de OM), que quiere decir amigo, favorable. Y lo encontramos especialmente, siempre en latín, en el lenguaje ritual; en la forma contraída de tipo OM se tiene el verbo deponente *ominari* con el sentido de vaticinar y de presagiar, mientras que, diptongado en AU el término *augur* significa precisamente sacerdote, *auctoritas* es justo la autoridad de la ley en cuanto es sagrada. Finalmente es la palabra AVE la que la Iglesia de Roma venera como salutación angélica a la Vírgen María, palabra de plenitud, de salud y de salvación, que deja entrever claramente la prerrogativa del AUM sánscrito. Walde y Hoffman relacionan el mismo término AVE con el hebreo *ḥawwah* que significa *vida* y, en consecuencia, Eva. Entonces, la Anunciación también debe considerarse como el cumplimiento de *Eva* en el AVE; y el juego de palabras que tanto gusta a la tradición italiana parece no estar del todo desprovisto de un cierto fundamento etimológico.

Pero si los sabios del Brahmanismo aman meditar sobre la unidad de AUM en cuanto a lo contraído en el monosílabo OM, la tradición cristiana ofrece a los fieles el monograma del AVE MARÍA, es decir, de las mismas letras A, V y M superpuestas en el monograma.

---

se han extraído de *Ermites du Saccidânanda* del abad J.Monchanin S.A.M. (*Swami Paramarubyananda*) y de Dom Henri Le Saux O.S.B. (*Swami Abhishikteshvarananda*), editado por Casterman Tournai-París 1956. Se trata de un excelente trabajo de dos sacerdotes católicos que han vivido durante largo tiempo entre los contemplativos hindúes para estudiar mejor la vía de la conversión de la India al catolicismo. Los nombres entre paréntesis son precisamente los de los dos monjes que han llevado durante su vida como *swamis*.

Como un santo humanista, Bernardino de Siena, se dedicó a difundir el culto del trigrama IHS del nombre de Jesús, así en el siguiente siglo otro gran humanista, José de Calasanz, mostraba a los primeros padres de las Escuelas Pías el monograma del AVE MARÍA. Tanto los hindúes como los primeros padres de las Escuelas Pías fundan sus oraciones reiterativas en el monograma OM; los monjes del Tibet repiten constantemente en su rosario la alocución sagrada, que significa: «¡AVE, joya (en la flor de) loto, ave!»[49].

Dispositivos similares a nuestros molinos de viento y agua mueven continuamente en el aire las inscripciones de «*OṂ Maṇi Padme hūṃ*» desde la cima de cada montaña tibetana donde se encuentra un monasterio; parece que también el acto del viento, del tiempo y de las cosas se une así a la oración del hombre. Y como sobre el OM sánscrito se funda la oración repetitiva hindú y budista, sobre el *Ave María* se basa la oración repetitiva cristiana, el Santo Rosario, que comienza precisamente con el misterio de la Anunciación y se cierra en la plenitud de la coronación de la Vírgen. La misma corona del Rosario expresa con su forma la coronación de los siglos; y con su repetición tres veces a través de los misterios *gozosos*, *dolorosos* y *gloriosos*, los tiempos que fueron, que son y que serán, nutren la oración del hombre por la eterna plenitud.

Melquisedec no podía considerarse ciertamente un hebreo, y

---

[49] Como es evidente, en el simbolismo hindú y tibetano incluso la joya, o la piedra preciosa contenida en la flor, alude a la generación; de hecho, es precisamente en el cáliz de la flor donde se genera la semilla. En el caso de la frase «OṂ Maṇi Padme hūṃ» la semilla de naturaleza *corruptible* es sustituida por un objeto cristalino, y en consecuencia incorruptible, como la piedra preciosa. Al símbolo específicamente oriental del loto, después, corresponden, en la tradición de Oriente Medio y occidental, los símbolos de la rosa y del lirio; y justo el lirio es la figura central, en la iconografía tradicional cristiana, de la escena de la Anunciación. En cuanto al monosílabo sánscrito *hūṃ*, también tiene propiamente el significado de *salve*, pero usado solo al final de la oración parecería asemejarse a nuestro *amén*. Monier y William, en su *Dizionario sanscrito-inglese* ¡comparan incluso el *amén* con el AUM! Pero nosotros estaríamos más inclinados a distinguir AUM de *hūṃ* como AVE de *amen*, aunque los cuatro términos sean ricos en un sentido trascendente que indica al hombre de oración la eternidad en el instante como plenitud de todo tiempo pasado, presente y futuro.

fue precisamente él quien llevó a Abraham, con el pan y el vino, aquel deseo de *Šalòm*, ese Ave, que, ratificado por el mismo Dios y transmitido a través de toda la historia de Israel y de la humanidad, deberá encarnarse en la Vírgen. ¿Qué prueba más evidente y más grande de la unidad de la Tradición a través del lenguaje y el rito?

Al primer Ave de Melquisedec le siguió el juramento entre Abraham y el Altísimo. El rito es exactamente el mismo que será el de las leve de Roma que más tarde nos describirá Tito Livio: los animales del sacrificio son cortados cada uno en dos partes, dispuestas la una frente a la otra. Abraham pasa por el medio, después se detiene y espera; le toca el turno a Dios; y de inmediato pasa una antorcha ardiente, pasa el fuego, la lengua de su Verbo, la palabra del Dios altísimo de Melquisedec que será el Dios de Israel.

La tradición precristiana de los gentiles participa entonces en la encarnación de Cristo, en la lengua, en las leyes y en los ritos con el mismo diptongo sagrado del fonema Aum difundido en el mundo romano desde sus orígenes. Para los latinos *Auctor* es el *progenitor*, y al mismo tiempo es el garante de la adquisición y el *creador*; y la Redención, es decir, la recuperación de toda la humanidad, llamada desde Roma al imperio católico, ya en la lengua del Lacio era una manifestación del Padre y segunda creación del mundo; era manifestación de la *auctoritas*[50]. De *augur*, el sacerdote, deriva el nombre de *Augustus*; y precisamente bajo el primer Augusto, la *auctoritas* de Roma afirma el sagrado diptongo sobre el mundo conocido para saludar a Dios niño.

El Ave de salvación, por un lado, es palabra íntima, susurrada por el Ángel en la habitación de la Vírgen para dar el nombre de *Salvador*, es decir, de Jesús, a Cristo; por otro lado, es el nombre imperial que anuncia al mundo entero la salvación de la humanidad[51].

---

[50] *Redimere* significa en latín precisamente comprar *de nuevo*, es decir, *recomprar*.

[51] A este respecto, citamos en unas pocas líneas de *Ermites du Saccidânanda* de Monchanin y Le Saux, concretamente de la pág. 180: «En tant qu'il est composé de trois éléments fondus en une unité supérieure, déjà du simple point de vue phonique, le pranava a été assimilé à de nombreuses triades dont les

De hecho, fue precisamente a Augusto —según una antiquísima tradición recogida por la crónica de Malalas del siglo VI— a quien se le habría aparecido la Vírgen, llevando en brazos al hijo Jesús, en el templo de Juno, en el Capitolio[52].

También Osorio, en su *Adversus Paganos*, apoya esta revelación de la Vírgen al primer emperador de los Romanos. Se puede poner en duda la veracidad histórica del hecho, pero, sin embargo, es cierto que la tradición cristiana, desde los inicios nos muestra a Augusto como el *augur* viviente de la historia que a través de los siglos, ha llegado al umbral de la Vírgen para la encarnación de Cristo. Y Jesús, si por el AVE del Ángel es verdadero Dios en la tierra, si por la sangre de María es verdadero hombre, para el AVE de la tradición histórica de Adán, de Noé y Abraham hasta el primer emperador de Roma, es encarnación de la civilización universal.

Ya en las fiestas de las Saturnales en las que se ofrecían los *ómina* (OM), los augurios y los dones; ya que las fiestas de las Saturnales, en las que se concedía toda la libertad a los esclavos, que se sentaban a la mesa con sus amos, prefiguraban simbólicamente la liberación de la esclavitud de la culpa y de la materia. De hecho,

---

deux plus expressives sont fournies par la Māṇḍukya Upaniṣad: OM est, dans ses composants, le temps qui fut, le temp qui est, le temp qui sera (cfr. *ho ón kai ho én kai ho erchomenos – Apocalipsis* I, 4), et, dans leur réunion l'au-delà de tous les temps, l'éternel».

[52]El templo de Juno en el Capitolio fue transformado en Iglesia cristiana con el nombre de *Santa Maria en Ara Coeli*. De hecho, siempre según la piadosa tradición de la que hemos hablado, la Vírgen habría pedido a Augusto erigir en aquel templo un altar a su hijo Jesús. Esta iglesia existe todavía hoy y es oficiada por los Padres Franciscanos desde 1250. Desde el 855 hasta el 1250, habían oficiado Benedictinos, y, antes de ellos, los monjes de rito greco-oriental que fueron los primeros en tener en custodia la basílica. Se ha creído durante casi todo el siglo pasado que la presencia de los padres griegos en *Santa Maria en Ara Coeli* fue solo una leyenda; pero durante las excavaciones para la construcción del monumento a Vittorio Emanuele II se encontraron documentos arqueológicos que prueban de forma irrefutable la historicidad del convento griego. Sin embargo, el altar que se venera hoy no es ya el de Augusto (quizás destruido por los Vándalos) sino el que se hizo reconstruir bajo el antipapa Anacleto III entre el 1130 y el 1137.

el propio Aristóteles dijo que la condición de esclavo no procede tanto de la compraventa de los hombres como de la esclavitud interior a los bienes materiales, de la cual la esclavitud del amo no es más que un símbolo exterior. Ya los *ómina* de los Saturnales presagiaban el oro, el incienso y la mirra de los Magos; ya en la mesa en la que el esclavo se sentaba junto al amo se prefiguraba la Última Cena, en la que los Doce se sentarán con el Amo y Señor que les habrá lavado los pies.

Larga será la serie de apariciones de la Vírgen, y un orden maravilloso se manifiesta en la sucesión de cada una de ellas. La primera vez que la Vírgen se aparece a los hombres es durante su vida terrenal, al primer ciudadano del mundo bajo cuyo imperio fue censado Jesús; después, durante la Edad Media, prefiere a los fundadores de órdenes monásticas y a los soberanos de las naciones. Es María quien construye la Iglesia del Hijo. Y finalmente, en los tiempos modernos, les toca el turno a los humildes y a los niños. Desde Augusto a Bernadette y a los pequeños pastores de Fátima, todo es un distribuirse del Ave que desde el Ángel y Augusto pasa a la Vírgen para derramarse nuevamente sobre el mundo. Del Edén a Nazaret y a Roma, entonces desde la *Urbe* se extiende misericordioso por el *Orbe*, desde el imperio universal hasta las naciones como *Lumen ad revelationem gentium*[53], y de las naciones a los pueblos más pobres, para que todo el mundo vibre con la salvación eterna.

A su vez, la respuesta de María al Ave, el *Fiat mihi secundum verbum tuum*, no es sólo salvación, pues en definitiva *uno* es el acto de Dios, y *una* sola palabra es la Voz que crea y que salva, que actúa y que ama. Cuando el Creador se hace criatura eligiéndose una Madre, la omnipotencia del Altísimo se manifiesta plenamente sin agotarse en su obra. La creación no habría sido suficiente por sí sola para mostrarnos la omnipotencia de Dios; el mundo, los ciclos, los astros y los espacios son una nada frente al Creador; todos los siglos no equivalen al instante de su eternidad.

Por otra parte, el Señor, en su infinita bondad, ama libremente

---

[53] *Lc* 2, 32.

manifestar su poder a través de la alegría, la belleza y la justicia. Y podemos decir que en las palabras de aceptación de María al Arcángel está todo el sentido de la libertad de lo creado. En la palabra de la creación *Hágase la luz*, responde la Vírgen: *Hágase en mí según tu palabra*, y en la Vírgen la creación consiente al acto del Creador. Dios es Caridad y ha querido que cada criatura aceptase en la palabra de la Vírgen la vida antes de existir; es también por esto que quizás la Iglesia atribuye a María las mismas palabras que el Eclesiástico atribuye a la Sabiduría de Dios. «Desde el principio y antes de los siglos yo fui creada y hasta la eternidad no dejaré de ser...».

Es precisamente en el dogma de la Inmaculada donde María se nos presenta como la cima y la síntesis de la creación. *Hágase según tu palabra...*

Y desde el abismo informe emergen los mundos, de los áridos desiertos regados de gracia se hace verde la naturaleza bajo el cielo resplandeciente; de la alegría de la flor a la fuerza del tronco, del vivaz discurrir del agua por el valle a la áspera belleza de la roca, del animal al astro y a las galaxias, todo acepta con alegría la existencia de Dios en el *sí* de la Vírgen. *Hágase en mí según tu palabra...* Y la palabra se hace carne y vida terrenal. Dios no puede tener, en su obra, ningún fin que lo trascienda. Él es el absoluto, en su mismo seno toda relación se resuelve en la Trinidad; el fin del Padre es el Hijo, y es por el Hijo y por medio del Hijo que Él crea; y el Padre es a su vez fin del Hijo que encarnado se hace sacerdote y víctima universal para gozar de lo creado, sufrir por la culpa humana, y ofrecer al Padre cada criatura por él redimida. Amor entre el Padre y el Hijo es el Espíritu Santo que pone el germen de Jesús, de la salvación, en el vientre de María y renueva la vida de vida eterna en cada alma humana. Creación, encarnación y aceptación son, por tanto, misterios de un diálogo eterno, de un drama metafísico que desciende para hacerse historia en el tiempo, en Nazaret, y convertirse en tragedia en el Calvario.

Toda la inmensa obra de la creación y de la encarnación se resume con prodigiosa intensidad de movimientos y de palabras entre las cuatro paredes de la modesta habitación de una joven hebrea; fuera, más allá de aquellas paredes, el mundo continúa su vida mortal de cada día; y, sin embargo, es precisamente la propia historia del mundo entero la que en aquella casa de Nazaret encuentra su centro y medida para todos los siglos pasados y futuros; es justo en aquella casa donde el nombre imperial de Augusto, derramado sobre el mundo, se completa en el sentido eterno de la salvación y de la unidad suprema.

Los dos artículos que siguen nos han sido amablemente proporcionados por el Profesor Nuccio D'Anna. El primero, titulado *La unidad de la catedral*, no indica el lugar de publicación, mientras que el segundo, *Por una metafísica del espectáculo*, tiene la fuente indicada en la nota. Este último se ha vuelto a publicar en el fascículo nº 1/2020 de la prestigiosa revista de estudios metafísicos y humanísticos *Atrium*, dirigida en aquellos años por el propio D'Anna.

III

La unidad de la catedral

La integridad de la persona humana y la unidad de los cristianos en la Iglesia Católica no son sino dos aspectos de una misma realidad. Como hemos visto, el hombre se ordena en las artes, es decir, en las articulaciones de la unidad del Cuerpo místico, en las medidas que reencuentran su sentido de integridad interior y, por tanto, de libertad.

La unidad se realiza en Cristo, en el Verbo que está en el centro de la persona y de la sociedad universal. Contemplar significa precisamente moverse hacia la identificación con el centro para reconocer en aquel la única y verdadera realidad del ser, el principio de toda existencia y el fin último de todo lo creado. En el orden de la Catedral cada cristiano es una piedra, y Cristo es al mismo tiempo la piedra angular y la roca sobre la cual la casa (*duomo* viene de *domus*) debe ser prudentemente construida. En la Catedral todo el trabajo y todo el arte del hombre se proyecta hacia lo bello, y en lo bello lo útil queda liberado de toda necesidad; todo el arte del hombre se extiende hacia el cielo, y a través de las agujas, hacia el cielo, proyecta la fuerza de los cimientos. La Catedral es la «teoría» de las gentes del mismo modo que *theōrís* es la nave de los embajadores de Dios, de los santos que avanzan hacia la perfección como las naves de la catedral avanzan hacia el altar.

En la fábrica de la Catedral, la práctica se ha convertido realmente en una teoría de símbolos en el rosetón, en las mandorlas, en los arcos, en la planta con forma de cruz, en los pilares sobre los que el arco se apoya y se eleva entonces ligero. Y como el arco se alza hasta el techo, así el arcoiris de la primera alianza, ligerísimo hacia el cielo, se apoya, pese a todo, sobre los hombros de poderosos profetas y santos, de eremitas fuertes y firmes en la Gracia: hombres desapegados del mundo como el pilar o la columna de las paredes, pero que sostienen en su oración toda la fábrica humana que puede elevarse al cielo a través de la verticalidad de su pureza.

En la forma de la Catedral que se alza hacia lo alto hay un compromiso, un sentido de lucha; pero no es el desafío de Babel o de Satanás, sino la lucha de Jacob con el hombre de Dios; lucha de una fuerza que quiere poblar y heredar la tierra para conquistar el cielo; lucha confiada en un Dios que de músculos y fuerza humana ha tomado cuerpo en el mundo. La Catedral es palabra, más aún, es libro abierto, texto o tejido; de hecho, la Iglesia es el desgarrón del velo del templo, que el verbo dicho en la casa sea gritado desde los techos. La Catedral es lenguaje de la palabra interior que edifica ciudades redimidas, y, para la Catedral, cada techo escucha y reverbera la Palabra de Luz.

Habla al hombre simple con la vastedad de las naves resonantes, y al sentimiento con las reliquias y las imágenes; habla al hombre culto con la historia, con el simbolismo y con los arcanos más sabios. De modo que todo es rito en el templo, rito en el significado más profundo de la palabra que, del sánscrito *ṛtā* significa *orden*. La Catedral es un orden de piedra sobre una piedra angular; y en este orden son ordenados los clérigos, los sacerdotes, los obispos, y, en tiempos mejores, los soberanos y los caballeros. A la luz de este orden se subordina la materia a la forma. De hecho, la forma del sacramento es la palabra pronunciada por el ministro, y a la palabra consagrante tiende la fábrica de la Catedral desde el primer día de trabajo. Y es Catedral no en virtud del arte, sino de la consagración misma. Más aún, justo en virtud de los siete Sacramentos, para renovar la palabra humana en la Palabra de Dios, el trabajo, el *labor* fatigoso, puede hacerse arte, es decir, victoria del espíritu para ordenar la materia.

El hombre es señor del universo porque lo redime, lo redime en cuanto transforma la utilidad en belleza y el trabajo en arte y contemplación. De modo que toda la vida es rito para ordenar la materia en la forma, el trabajo en la contemplación y el cántico de alabanza y de alegría. No puede darse acción sin rito como no puede haber materia sin forma alguna; la vida humana y del universo entero está llamada a la Misa y a esta tiende con toda la fuerza del cosmos. Sin rito todo nuestro trabajo caería en la nada y nosotros mismos dejaríamos de existir; y si el trabajo y la existencia tienen demasiadas veces un sabor a maldición es precisamente porque la voluntad y la consciencia del hombre no se adhieren al sacrificio, y su corazón está orientado hacia la materia, al desorden del caos en lugar del rito ordenador del cosmos. El Creador, en su infinita bondad y misericordia, da forma al trabajo incluso contra la voluntad del hombre, pero la fractura entre voluntad divina y el querer humano es degeneración de la libertad en la esclavitud de la ignorancia. Con el venir a menos del sentido del rito desaparece todo sentido verdadero en el arte; y la realidad pierde, a nuestros ojos, la ágil expansión del amor gozoso para chirriar y agitarse en un mundo completamente mecánico, en el que el hombre mismo no es más que un instrumento inconsciente.

La tarea del sacerdote cristiano es la del *pontifex* según Melquisedec, es decir, de sacerdote de la Eucaristía, de hacedor de puentes entre el hombre y Dios, entre el mundo externo y el centro, «para que todo sea uno» y de la humanidad y divinidad de Cristo viva todo el universo. La hostia consagrada y la semilla divina; Cristo viene a nosotros para germinar en la contemplación y la redención. Al entregarse a nosotros, el Verbo quiere proclamarse el centro en torno al cual reordenar la realidad exterior e interior para que todo lo creado nos hable de Dios y responda a Dios por nosotros.

El trabajo arduo bajo el estímulo de la necesidad es la condena pronunciada a la salida del Edén, es la ley que pesa sobre el hombre; y la Catedral construida según la medida del hilo de plomo y el nivel es la ley de la cruz en la resurrección de la palabra hacia la belleza y hacia la Verdad.

Cuando el trabajo se ordena en la unidad, cuando acepta el canon y se hace belleza, entonces el lenguaje del Espíritu y la criatura, la Palabra y la obra de arte, se hacen todo uno, como la materia es una con la forma en el ser creado por Dios. Entonces el arte es verdad, y deja traslucir la Verdad consagrando la Catedral, es decir, la Buena Nueva; y si la ley es condena, la Verdad nos hará libres.

IV
Por una metafísica del espectáculo[54]

El género primordial

EL GÉNERO DE REPRESENTACIÓN PRIMORDIAL, y por tanto más esencial, del que se pueden encontrar rastros en toda tradición antiquísima, es la danza colectiva. Ya se practica entre los pueblos nómadas; pueblos que, por eso mismo, no tienen todavía una arquitectura. Es más, podemos decir, sin sombra de duda, que precisamente en la danza colectiva del clan y de la tribu, en cuanto ordenamiento armónico de cada miembro sobre el área de un círculo, o en todo caso de un terreno bien determinado, justo en aquel ordenarse de *cuerpos* y de *movimientos*, al tiempo bien regulado

---

[54] El estudio que presentamos, desconocido para muchos de los lectores habituales de Attilio Mordini, apareció originalmente en alemán con el título *Der Logos des Theaters*, en «Antaios» (7, 1965-1966, pp. 342-364), la revista dirigida por Mircea Eliade y Ernst Jünger. Más tarde fue traducido por el mismo autor para «Adveniat Regnum» (3-4, 1968, pp. 7-40). Agradecemos a la profesora Maria Caterina Camici, poseedora de los derechos, y al fallecido doctor Fausto Belfiori, fundador y director de «Adveniat Regnum», por haber autorizado la publicación de este texto, en el cual las consideraciones doctrinales explican la gravedad de la involución de la estética occidental y la degradación irreversible de las costumbres.

por el ritmo, en el espacio, el hombre de las civilizaciones todavía nómadas expresa estas particulares dotes que, más tarde, el hombre de las ciudades, manifestará en la arquitectura propiamente dicha[55].

Y se trata siempre de danzas sagradas: ya sean danzas de guerra o de caza, ya sean danzas relacionadas con el cultivo cíclico de la tierra, por parte de aquellos pueblos que —aunque no sean nómadas— no han pasado todavía, sin embargo, de la civilización simplemente agreste, y por tanto del pueblo de chozas, a la civilización urbana, a la ciudad verdaderamente digna de un arquitecto. Pero tanto en uno como en otro caso, el ordenamiento de la danza tiende siempre a simbolizar el orden cósmico. De hecho, es el cosmos y el alternarse cíclico de las estaciones, que alude al movimiento rítmico en el ordenarse espacial de la danza agreste; y, asimismo, la danza de guerra reproduce el cosmos, en cuanto los cielos son vistos como ejércitos del Altísimo desplegados en batalla. Y esto es válido no sólo para el monoteísmo hebreo del dios *Ṣeva'òth* o de *El* (el Fuerte), sino también para toda cultura politeísta: basta con pensar en la concepción germánica según la cual Odín guía arrolladoras huestes de valquirias a la carga; y en el *Carmen Saliare* de los Romanos, que era danzado por doce *Fratres*, tantos como eran las tribus de la Urbe y, al mismo tiempo, como los signos del zodiaco[56].

De modo que el ordenarse espacial de la danza se desarrollaba rítmicamente modulando cada movimiento y cada cambio de posi-

---

[55] Por danza sagrada colectiva se entiende aquí, como suele usarse en la historia de las religiones, cualquier *formación* del Clan o de la comunidad al completo, así como de cualquier cuerpo sacerdotal, donde asistir o participar en el sacrificio o el rito. En este sentido, incluso la formación de la tropa de una unidad militar moderna para asistir al Sacrificio de la Santa Misa en el campo podría considerarse dentro del género de la danza sagrada. Asimismo, el sentido que aquí damos a la palabra *Clan* o *Tribu* no se refiere a colectividades específicas *celtas* o *negroides*, sino solo a cualquier colectividad primordial fundada en una tradición sagrada.

[56] En el caso de los *Salios*, naturalmente, no se trata ya de la formación de todo el Clan, sino, como ya hemos mencionado en la nota 1, de un cuerpo sacerdotal. Volveremos sobre este tema en el tercer capítulo del presente ensayo, titulado «*El rito del espectáculo*».

ción al ritmo musical; y la música es a la danza lo que la palabra a la acción, como el mando a la batalla; y, por volver a las huestes celestes, como el Verbo del Creador es respecto al Cosmos; y para la danza agreste, por lo tanto, la música es al movimiento como la semilla es a la tierra y a la vegetación. Es así que las más antiguas tradiciones musicales, de las que se tiene noticia, asocian cada nota y cada semitono a movimientos de ánimo, a *virtudes* y a *jerarquías*. La antiquísima tradición china que desarrolló la escala musical pentatónica de Ling Lun 伶倫 (2700 a. C.) en el doble hexacordo masculino y femenino de doce semitonos, se consideraban las mismas doce semitonalidades como expresiones de los signos del zodiaco (ordenamiento del cosmos) y de los meses del año (ordenamiento del trabajo agrícola); en cuanto a las cinco tonalidades fundamentales, eran consideradas como expresiones de la jerarquía civil y, al mismo tiempo, de los principales caracteres humanos, de modo que, para la música, una vez más, el ordenamiento del cosmos, de las divinidades celestes, se convertía en el canon del ordenamiento civil.

El *kung* (gōng 宮) correspondiente[57] a nuestro *fa*, era considerado nota de la imponencia, y simbolizaba al Emperador; el *schiang* (shāng 商) (*sol*) era la severidad, y se refería al ministro; el *kio* (jué 角) (*la*), en cuanto dulzura, correspondía al pueblo... ¡Al pueblo chino de entonces, del Imperio celeste, obviamente...! En cuanto al *tsche* (zhǐ 徵) (*do*) era la energía, y representaba, por lo tanto, los asuntos del Estado; mientras que el *yu* (yǔ 羽) (*re*) era el esplendor, era el cosmos[58]. Y Confucio, más tarde, insistirá en la influencia de la música para la formación de la personalidad y de la propia civilización. No es casualidad que, según las normas de la música griega, se consideraba propio de los *aulos* mantener la medida del *ethos*; es decir, se consideraba que los tocadores del *aulos* (que no era la flauta, como más tarde se ha creído) debían ofrecer al

---

[57]**NdE**: Otras fuentes más actualizadas a las que Mordini no tenía acceso, indican que la correspondencia de notas en la escala pentatónica china antigua es, cuando 宮 (gōng) es la nota tónica, la siguiente: 宮 (gōng) → do, 商 (shāng) → re, 角 (jué) → mi, 徵 (zhǐ) → sol, 羽 (yǔ) → la.

[58]Véase F. ABBIATI, *Storia della musica*, Garzanti, Milán 1961, v. I, cap. I.

oyente el sentido propio del *ser*, la medida interior del hombre, y no los movimientos del ánimo como, en cambio, era propio del arte dramático.

Más tarde, queriendo aceptar la concepción más moderna de quien, tanto en el arte del teatro como de la música, tiende principalmente, si no de manera exclusiva, a verlo como una diversión, será bueno considerar —aunque sea en los restringidos límites que el presente trabajo nos permite— como y en qué medida, precisamente el género de la danza sagrada debe considerarse esencial para la formación del gusto estético de las civilizaciones primordiales. Diremos inmediatamente, a tal propósito, que siguiendo la *poética* de Aristóteles, a la que quiere referirse todo estudioso del espectáculo, expuesta la teoría de la *catarsis*, ya resulta evidente que el teatro, al menos en la tragedia, más que *divertir*, debería *convertir*. Y en su respectivos significados literales, estas dos expresiones son exactamente contrarias y, al mismo tiempo, correlativas y complementarias.

El canon de la trascendencia

Volviendo a los *orígenes*, no tanto históricos, como metafísicos en el sentido de lo bello, y por tanto del sentido estético, convendrá observar de inmediato como el propio Aristóteles, ocupándose de problemas musicales, y preguntándose por qué ciertos acordes son más *bellos* (es decir, se disfrutan más) que otros, llega a afirmar que tal placer de los sentidos, por el cual se dicen precisamente *bellos*, se deben al hecho de que las relaciones de longitud de las cuerdas que los emiten (y por lo tanto las relaciones entre las vibraciones) son expresables en proporciones matemáticas particularmente interesantes. La octava, por ejemplo, da el acorde más bello, siempre según Aristóteles, porque «sus relaciones se expresan con números enteros», mientras que las de los demás acordes se expresan con términos no enteros[59].

Y de igual modo, pasando a considerar el movimiento rítmico, sostiene que el placer que genera se debe a su regularidad. Y sería la regularidad la que, según el gran estagirita, provocaría placer: dado que el hombre, *por su naturaleza*, está inclinado a preferir todo lo que es regular. Pero en realidad el problema, de esta manera, solo se desplaza y no se resuelve en absoluto. De hecho, es necesario ver qué se debe entender por *naturaleza*, y en qué medida se debe observar para constatar la regularidad. Si es *regular* cada expresión y manifestación en la que una medida dada se repite constantemente, ¡entonces deberíamos movernos de la monotonía y la uniformidad!. Si, por el contrario, se consideran ciertas proporciones, como, por ejemplo, del uno al tres, del cuatro al siete, el examen se hace matemático, geométrico o incluso arquitectónico; y en todo caso queda por considerar cómo y por qué ciertas *regularidades* geométricas deben despertar placer *naturalmente...* cuando justo en la naturaleza, después de todo, tales formas son casi imposibles, con la excepción de las formaciones cristalinas y para ciertas proporciones entre las distancias de los cuerpos celestes en las configuraciones del cosmos. ¿Entonces sería el hombre un ser anormal por su naturaleza, inclinado a desear y disfrutar precisamente de lo que en la naturaleza casi falta por completo? ¿Y entonces, cómo explicar su amor por la propia naturaleza?

Y aquí sigue siendo válido Platón, cuando sostiene, especialmente en el *Timeo*, por un lado, que las formas esenciales, de las que toda forma natural se desarrolla, son formas regularmente geométricas; lo que explica la regularidad de los cristales y de las órbitas celestes: y, por otro lado, que el alma humana, conservando el recuerdo de aquellas formas regularísimas ya conocidas en su mundo prenatal, experimenta placer estético cada vez que vuelve a ver su semejanza en concreto. Pero sin embargo, prescindiendo del mito platónico de la prenatalidad, e incluso para alcanzar el sentido más profundo y más verdadero de ese mismo mito, diremos que

---

[59] Así Aristóteles en «*Osa perì armonían*» [Problemi musicali], CMXX/a, 27-37.

la belleza es expresión de la verdad trascendente y creadora, del Verbo de verdad por el cual cada cosa ha sido creada; y el sentido de lo bello, el placer estético, es lo que el hombre experimenta al reconocer, en la realidad concreta, tanto en la naturaleza como en el arte, la expresión de esa verdad trascendente en la que más o menos cree firmemente.

¿Se trata de un sentido inherente a la naturaleza del hombre? Sí y no; de hecho, es inherente a la naturaleza *universal* del hombre, está presente en toda la historia de su civilización, ¡pero no es inherente en absoluto al individuo! ¡Así como tampoco es inherente —ya se dieron cuenta en el pasado siglo de Bonald y Jacob Grimm— el don del lenguaje![60]; de modo que nunca podría llegar ni a la expresión de la palabra, ni al pensamiento en su forma discursiva, y por lo tanto *lógica*, el individuo que, desde el nacimiento, no hubiera recibido nunca la experiencia de cualquier lenguaje humano, aunque fuera por señas.

Y por lo demás, es particularmente indicativa al respecto la constatación de Aristóteles, según la cual se disfrutan mucho más los motivos musicales que ya se conocen que los que se escuchan por primera vez[61]. Y por nuestra parte quisiéramos añadir, incluso, que un motivo, como por lo demás cualquier cosa bella, se disfruta en la medida en la cual se *reconoce*. Tanto es así que el aburrimiento que suscitan ciertos motivos, cuando ya son demasiado conocidos... ¡puede explicarse sólo por el hecho de que *reconocerlos* no requiere más ninguna adhesión activa, ningún acto de elección por parte de nuestro espíritu, de modo que no logramos sentirnos, como oyentes, colaboradores del compositor, creadores a nuestra vez, partícipes

---

[60]Mientras que, por un lado, el vizconde de Bonald, también en su obra *La legislación primitiva*, sostuvo el origen divino del lenguaje, por otro lado, Jakob Gimm, más tarde, en una conferencia sobre el origen del lenguaje (tr. fr. di Fernand de Wegmann, *De l'origine du langage*, París, Frank, 1859), aunque excluyó el origen divino, concluyó decididamente negando toda *espontaneidad individual* en el lenguaje humano, sosteniendo que cada individuo puede hablar y expresarse, tanto a los demás como a sí mismo, sólo si ha sido iniciado en el lenguaje por sus mayores.

[61]Aristóteles, *op. cit.*, CMXVIII/a, 3-9; CMXXI/a, 32-37.

gozosos, o en todo caso vivos, del diálogo maravilloso del arte!

En cuanto a los motivos o a las formas bellas que se disfrutan por primera vez, lo hacen en la medida que evocan en nosotros experiencias estéticas anteriores, de modo que la belleza en ellas *genérica*, y por lo tanto común a las experiencias precedentes, encuentra en el dócil terreno de nuestra memoria el fondo más apto para trasplantar nuevos elementos de experiencias estéticas todavía no conocidas; así como dos seres ya adultos traen al mundo a seres nuevos. Pero la experiencia primera, el primer motivo que nos permitirá reconocer y disfrutar de los demás en las sucesivas experiencias estéticas, no se disfruta, sino que solo se recibe y acepta por el individuo singular gracias a la fuerza interior de la mímesis, es decir, gracias a la necesidad de imitar al padre, que constituye en el hombre, y solo en el hombre, el primer germen —esta vez esencialmente natural también en relación al individuo singular— del amor como imagen (y no todavía como semejanza) del Creador.

Y a tal fin, ya la palabra, como *articulación* interior, tanto de sílabas en las voces individuales, ya se trate de complementos en las frases singulares, como en los elementos más complejos en el período, ya es lógica; por lo tanto ya es *regularidad* racional, es ya *canon*.

Pero el solo lenguaje —al menos considerado en su aspecto dialéctico y, por lo tanto, *determinante*, más que en el aspecto *evocativo* y profundo ya propio del mito— no es suficiente para desarrollar el sentido estético de modo que constituya un canon interior realmente válido. O al menos, el lenguaje corriente no es suficiente por sí mismo para explicar la formación, constante durante milenios, de un canon fundamental para todas las civilizaciones humanas de todos los tiempos, antes de que el hombre moderno se precipitara, en su aventura, más allá de toda medida, de toda norma y de toda costumbre.

De modo que nos parece poder afirmar que del hombre se asumían como sagradas ciertas proporciones, consideradas excelentes en cuanto expresiones de medidas celestes, de cánones cósmicos, y en cuanto impuestas al hombre en el espectáculo inmenso de la bóveda celeste, todavía no como *belleza*, sino como *verdad*, como hecho constatable siempre y en todas partes, como *ente* al que el hombre no podía escapar de ningún modo si no refugiándose bajo tierra —tanto que, más tarde, en la Biblia, la expresión «¡Montes, caed sobre nosotros!» será típica de quien anhela escapar al juicio del Altísimo—, como orden supremo, en definitiva, al que todo otro orden debía necesariamente *someterse*; ciertas expresiones de medidas celestes se asumían, por el hombre, como sagradas.

Para quien todavía permanezca sanamente inmune al morbo de cierto evolucionismo moderno, según el cual del menos vendría el más, y según el cual la historia del hombre debería comenzar por fuerza con la semi-animalidad, nos atrevemos a afirmar también que, a nuestro parecer, no se elegían tanto las proporciones y las medidas del cosmos por el cielo como tal, no tanto como para ordenar toda la vida al cosmos mismo, como por haber sentido de algún modo la analogía con el comportamiento del lenguaje humano; lenguaje que, aunque no se considere un don *sobrenatural*, es, sin duda, el fruto de la primera experiencia que el hombre tuvo frente a la divinidad. Por lo tanto, no es que las civilizaciones primordiales asumieran las proporciones del cosmos porque fueran *celestes* ellas mismas, sino para orientarse hacia el canon sobrenatural que, al mismo tiempo, había ordenado tanto el cosmos como el lenguaje humano; para volverse, finalmente, hacia ese Verbo, que se dejaba intuir, o que de cualquier forma se revelaba, como principio creador del *ethos* tanto del *cosmos* como del *microcosmos*, del hombre[62].

He aquí, por lo tanto, en la danza sagrada, ordenándose a esas mismas proporciones, que el hombre ordenaba su clan, su vida y el tiempo de sus días, en el rito del día consagrado. Y siendo con el

---

[62] El término griego *ethos*, de la raíz indoeuropea SWE, indica lo que es propio de cualquier *ente*. Sobre el sentido de *ethos y de ética* ya hemos tratado en una amplia nota en nuestro ensayo aparecido en «Carattere» (nn. 2-3-4, 1963) titulado *Cultura cristiana e culture di questo mondo*, y precisamente en el n. 4, p. 135. También en relación con la música, Aristóteles entiende por *mantener el ethos*, orientarse más hacia la armonía ordenada por el *ser*. en lugar del movimiento dramático del *devenir*.

espíritu, con la psique, e incluso con el cuerpo, todo acostumbrado y educado en esas posiciones y esos movimientos, al ritmo de estos motivos, en el sentido de estas mismas proporciones y de esas medidas educaba su gusto; de modo que encontraba, a continuación, *espontáneamente bello* todo aquello que tales proporciones presagiaban o revelaban. Y el sentido de lo bello, entonces, no es otra cosa, al menos en origen, que la alegría de *reconocer* la verdad; es la *evocación* emotiva del acto primordial de la revelación como principio de toda civilización humana.

Y la propia arquitectura, en las proporciones del cielo y del tiempo mismo del hombre, tomará para construir todo templo. Tanto la arquitectura como la danza sagrada se extienden, en efecto, sobre el ritmo; ritmo del corazón del hombre que venía a ponerse, con el rito, en sintonía con el ritmo del cosmos a través del ritmo de la danza[63]. Pero, especialmente, era todo tiempo, tiempo del movimiento, tiempo psicológico y tiempo solar, que se traducía en términos espaciales y, en cierto modo, se dirigía hacia la eternidad; llegaba a trascender el cosmos mismo en esta suprema belleza de

---

[63] Ordenar el ritmo del corazón con el ritmo del cosmos a través de una respiración bien regulada al pronunciar ciertas fórmulas de oración, es un método ascético que —siempre después de una adecuada preparación devocional e intelectual— ordena el cuerpo al alma y esta última al supremo principio espiritual. Es un método que, bajo diferentes formas, se mantiene fundamentalmente igual en toda religión tradicional. Así, la invocación de Buddha *Amitābha* en la ascesis *Zen*, con el *Prāṇāyāma* hindú, así la *oración del corazón* y la invocación del *Kyrie* reteniendo el aliento para los hesicastas cristianos desde Simón Estilita hasta los monjes del Monte Athos y Gregorio Palamas. También la danza sagrada, en ciertos aspectos, se inscribe en este tipo de ordenamiento rítmico. Basta con ver como Luciano de Samosata, en su XXXIII diálogo, dedicado a la danza, y precisamente en el § 8, sostiene sus orígenes sagrados, atribuyendo la invención a Rea, quien la habría enseñado a los *Coribantes* y a los *Curetes* de la isla de Creta; y en el 15° trata de la importancia de la danza en la iniciación sagrada. Y también observa, en el 34°, como Platón nos representa las *Leyes* mientras acude a su encuentro danzante, precisamente para presentarse como una armonía rítmica entre el individuo y su grupo étnico para el ordenamiento del *ethos*. Finalmente, en el 69°, reafirma cómo, en la danza, alma y cuerpo se unen en la acción por el mismo ritmo. Y en el 26° distingue entre *Emmelia* como danza de la tragedia, y el *Cordax* de la comedia.

la idea que ya no tiene necesidad de ningún cambio.

No es entonces gusto que, en origen, mueve al hombre en las creaciones del arte; es más bien el arte, como rito, como arte sagrado que, en el hombre, libre de moldear su alma según el cielo, forma el gusto por lo bello; así como, de forma análoga, a través del ejercicio repetido (ascesis) de actos buenos, el hombre restaura en sí mismo ese gusto por el bien, perdido por la culpa original, que es precisamente la virtud. ¡Así toda la teología cristiana de San Bernardo a Santo Tomás!

Y, por lo tanto, no se trata de un gusto uniformemente igual para todos, sino del formarse de cada gusto personal en torno a un canon universal, en el cual cada individuo singular encuentra el verdadero sentido de la propia personalidad, complementaria a las demás, en la trascendente unidad del Verbo. Es igual para todos el canon sobre el que el gusto se crea, diferente para cada persona es el acto de adhesión a esa misma unidad; así como los radios de un círculo parten de un único centro, para encontrar, sin embargo, la misma circunferencia en puntos diferentes entre sí.

En la primordial danza sagrada, por lo tanto, los hombres restauran —aunque de manera muy particular para cada grupo étnico— la primitiva unidad del género humano fragmentada por la culpa original. Si la negación de la verdad ha sido la culpa, la restauración de la verdad, en el amor por lo bello, era el fin del rito; que la misma palabra ṚTĀ, en sánscrito, significa precisamente *orden*. *Ordo ab Chao* era ese orden cósmico; orden sobre el *caos* del pecado original.

Y como mayor prueba de que el gusto por lo bello no es *innato* en cada individuo humano singular, sino que es *institución tradicional* casi a la par del propio *lenguaje*, podría valer la comparación entre el comportamiento del hombre primordial que se ordena en la danza sagrada y el comportamiento de ciertos animales, que ordenan la manada, el grupo o el enjambre. Especialmente los pájaros que se preparan para migrar, de hecho, se ordenan en formaciones casi geométricamente exactas[64]. Pero, en efecto, tal ordenarse en

---

[64] A propósito del lenguaje humano, Jakob Grimm, comparando la obra del

formaciones geométricas responde casi exclusivamente a exigencias de orden práctico —como, por ejemplo, la necesidad de cortar el viento— gracias al instinto infalible del animal en lo que respecta a cada necesidad de la especie.

En cambio, ningún fin *práctico* puede encontrarse en la danza sagrada del hombre primordial, salvo, quizás, el de hacerse propicio al cielo. Lo que en el animal es íntima ley de la naturaleza, en el hombre es *mímesis* y *voluntad*; y, entonces, es creación y libertad. Es más, si se puede hacer un acercamiento entre la *expresión* del animal guiado por el instinto del cumplimiento de sus necesidades naturales, y el hombre, es precisamente con respecto al hombre moderno, y no con el hombre de las civilizaciones más antiguas; del hombre moderno que responde, con su comportamiento, casi exclusivamente a las necesidades prácticas de su mundo; quedando, por supuesto, se entiende, *conciencia*; casi del todo ausente en el animal; todavía presente, a pesar de toda su practicidad, en el hombre.

En cambio, en lo que respecta a la obra del hombre primordial, en cuanto a la obra de las civilizaciones más antiguas, las necesidades prácticas siempre tenían un lugar menos secundario; aunque se excluían casi por completo las obras inútiles o simplemente superfluas. La obra de las civilizaciones más antiguas no era en absoluto impráctica, no evitaba las necesidades prácticas, sino que realmente las trascendía, en una *funcionalidad* que expresaba en belleza cada actitud libre del ser humano. Incluso siguiendo la tradición bíblica más simple, el hombre, todavía desnudo frente a la fuerza de los elementos, el hombre primitivo, se dirigió a Dios, a la verdad y a la belleza. No son, ciertamente, obras *prácticas* los primeros betilos. Y el primer homicidio no fue perpetrado por hambre, ni por las miserables condiciones sociales de la humanidad primitiva, sino por

---

hombre con ciertas construcciones de nidos de los pájaros, paralelamente a la modulación de la voz humana y de la voz de las mismas aves (de ciertas especies, más que de otros animales llamados superiores, llegan incluso a imitar la palabra humana) se detiene a considerar la verticalidad del cuello del hombre, por un lado, y del cuello de los pájaros por el otro. Véase *l'origine du langage*, tr. fr. por Fernand de Wegmann, Franck, París 1859, p. 19.

un alma, tremendamente celosa de Dios, en la inmensa angustia de sentirse casi rechazada. La primera vez que vemos a un hombre ofrecer su obra a un amo, no es por necesidad de salario, sino por amor a una mujer; de hecho, es por los bellísimos ojos de Raquel que Jacob acepta servir a Labán.

Y, por otra parte, no descubre nada nuevo la psicología moderna, cuando sostiene que el comportamiento del hombre en el rito religioso es del todo comparable al comportamiento del niño que juega. Solo tiende dolorosa y vergonzosamente a minimizar una gran verdad, deduciendo de tal hecho que el rito nos enseña a la humanidad primitiva en su *niñez*. Es en realidad justo lo contrario: son los juegos del niño, los que muestran al hombre en su frescura; muestran cómo come el hombre, apenas ha aprendido a hablar, completamente absorbido por la maravillosa docilidad y profundidad comunicativa y evocadora del verbo, se dedica a ejercerlo según su gusto, según lo que él considera belleza; precisamente porque, al estar más desnuda, le ofrece esa verdad hacia la que tiende toda la frescura de sus fuerzas. Y es en este sentido que no podrá entrar en el reino de los cielos quien no se hace pequeño como un niño[65]; no podrá entrar en el reino de la verdad quien haya perdido su frescura evocadora del verbo natural, apoyo y condición indispensable para sentir la auténtica belleza y reconocer la palabra eterna de Dios.

---

[65] *Mt* 18,1 y ss. Es evidente que, incluso en relación con el sentido vivo del simbolismo ritual, el individuo maduro, especialmente en la actual civilización moderna donde todo tiende a la prisa y a la práctica antes que a la contemplación de la realidad, ya no dispone de la frescura, característica del alma del niño, para advertir el más profundo sentido simbólico en cada encuentro con el mundo circundante. En cambio, para el niño, cada objeto y cada hecho habla a su alma un lenguaje metafísico que, aunque no llegue a una verdadera conciencia sobre el plano discursivo, tiende, sin embargo, a modelar desde los cimientos la propia personalidad del niño. La respuesta de este frente a tal acción formadora del lenguaje de la realidad como *verbo* que crea es, precisamente, el ordenamiento de sus gestos según las reglas del *juego* infantil.

Attilio Mordini

El rito del espectáculo

El clan solía reunirse en un bosque, en un claro, en un terreno circular donde no crecían los árboles. Este claro, según Tácito, era llamado *lucus*[66]; es un término que procede de la raíz indogermánica LEUK (de la cual también viene el griego *lýkē*) para indicar la luz. Y el *locus* era la *luz que brilla en las tinieblas*, en las tinieblas simbolizadas, precisamente, por el bosque que se extiende por todas partes, a su alrededor. Allí, en el *locus*, el clan celebra sus ritos; allí, en el *locus*, se ordena la danza sagrada, la danza que repite el movimiento de los astros del día y de la noche en el círculo del zodiaco; allí, en el *locus*, el hombre se educa. Verdaderamente libre, *crea* su personalidad según la *ley* sagrada.

¡Y de ello brota la alegría! La alegría de poder amar aquellas formas en las que se ha educado, y de poder reconocerlas cada vez; cada vez las mismas, y sin embargo siempre nuevas en él, renovado de vez en cuando por el rito. Y el espectáculo primordial hace distinción entre *actor* y *espectador*: es actor Dios, que por el rito ordena al hombre a una nueva creación al hacer descender su verbo en el clan; y es espectador el hombre, que recibe ese verbo en cada ocasión. Y viceversa, también es espectador Dios, a quien se debe el acto de culto; y es actor el hombre que actúa pronunciando palabras sagradas.

Y la danza sagrada sobrevivirá incluso más tarde, cuando, de las culturas nómadas y de los pueblos de chozas, se pasará definitivamente a la ciudad. Así, en Roma, los *Fratres Arvales* danzan su carmen al ritmo del verso saturnio, portando doce haces de espigas de grano y doce hoces, de las cuales una es la hoz con la que Saturno castra al padre Urano. Danzan su carmen los *Fratres Saliares,* golpeando con varas doce escudos, de los cuales uno es

---

[66]Tacito, *Germ.*, 10, 11. En el *Lucus* tenían lugar normalmente ritos sagrados y, por tanto, allí se *reunía* el pueblo; sin embargo, en lo que concierne al verdadero género de la danza sagrada en un sentido más estricto, frente a los Germanos, se debe considerar la *danza de las espadas* que el propio Tácito refiere, siempre en *Germ.*, 24.

el escudo que Marte ha dejado caer ¡Y este ruido de escudos es el trueno, es la voz de Zeus! Así, para el pueblo de Israel, danza David delante del Arca al sonido del arpa... Y de esta danza, de estos ritmos y de este ordenarse en el espacio, toma inspiración, más tarde, la arquitectura del Templo de Jerusalén por iniciativa de su hijo, Salomón.

Igualmente, por *necesidad*, toda arquitectura humana se convierte en arte; porque se hace cosmos y, por lo tanto, belleza. Incluso al cielo abierto del *lucus* se sustituye la bóveda del templo; se sustituye la cúpula, que de la bóveda celeste será precisamente el símbolo arquitectónico. Y el pueblo queda fuera del templo. En su interior, los sacerdotes sacrifican víctimas e interrogan a los dioses. Después salen al pórtico anterior; y, desde lo alto de esos escalones, dan a conocer al pueblo la voluntad del cielo. Sus palabras vienen acompañadas de gestos rituales. Se crea así la primera relación bien definida entre actor y espectador, entre actor y públic*o*[67]. Se instituye realmente la primera relación entre parte activa y parte pasiva. La unidad primordial de la antigua caza sagrada, ejecutada por todo el clan, se despliega ahora en la primera díada; de esta primera unidad se extrae lo *público,* así como la primera mujer es extraída de la costilla de Adán, según la tradición hebrea; así como el *Yīn* 陰 y el *Yang* 陽 comienza a distinguirse del *Pa-kua* (Bāguà 八卦), expresión de la misma unidad del *Tao* (Dào 道), según la metafísica china de Lao-Tse (Lǎozǐ 老子); así como empiezan a distinguirse *Puruṣa* y *Prakṛti* de la unidad de *Ātman,* según la tradición brahmánica.

El actor es parte activa y viril, así como es parte pasiva y femenina el público espectador. El escenario es luz, de hecho, es virilidad, así como es tiniebla, y por lo tanto feminidad *receptiva*, la platea. Y no es casualidad que en la historia de nuestro teatro, al menos en origen, los actores fueran todos de sexo masculino, también

---

[67]Una relación análoga entre actor-clero, por un lado, y espectador-pueblo por el otro, se pone en evidencia por Silvio D'Amico en su *Storia del teatro drammatico*, hablando de los orígenes del espectáculo cristiano. Véase vol. I, cap. II, § 2, ed. 1940, pp. 294ss.

aquellos que interpretaban papeles femeninos. Pero precisamente por tal analogía con la dualidad del sexo, justo porque los antiguos ya habían intuido —por su metafísica— que también el hombre es en una parte, aunque mínima, femenino, así como la mujer es, en una mínima parte, masculina (la ciencia moderna confirmará esta ley, que es esencial para toda *díada*, a través del estudio de las hormonas), precisamente porque cada cada uno de los dos términos de la díada debe participar del otro, para poder ser *complementario* y no *extraño*, de inmediato se consolidaba, entre actor y espectador, la reciprocidad de influencias; por lo que también el espectador influía *activamente* en el actor, en la medida que el actor mismo era receptivo y, por tanto, *pasivo*. Y sobre este reordenamiento en las leyes fundamentales de la díada se instituía el *rito* del espectáculo.

Como también es sabido, es a los misterios dionisíacos a los que se debe el origen de la comedia griega. *Kômos*, en lengua griega, era precisamente el encuentro del ágape; era la *cena* en cuya mesa se realizaba la *koiné* en el pan compartido. Y se lograba así el *affiatamento* (*cohesión*). Es el mismo término italiano, si bien mucho más tardío y no pertinente a esos misterios, el que deja descubrir las huellas de un concepto insustituible; el de la unidad espiritual, de *flatus,* soplo; término sinónimo de *spiritus*, el *pneuma* de la unidad[68]. Así, como de *kômos* deriva *comoedia* y *commedia*, del seno de tal comunión espiritual surgió este término de *affiatamento* (*cohesión*), que todavía hoy nombra al elemento imponderable y necesario para unir a los actores entre ellos — y por tanto, de manera refleja, para unir a los actores al público— para el éxito del espectáculo.

Después de la cena del *kômos*, después de la unidad de la *koiné*, los adeptos salían ordenados en dos semicoros cantando, *ad invicem*, las sagradas letanías. Todavía una vez más, de la unidad de la

---

[68] Al menos en su sentido originario, el término *espíritu* como *anemos* o *pneuma* en griego, y *spiritus* o *ad flatus* en latín, siempre respetando las particularidades precisas de cada uno de estos términos en el léxico de la espiritualidad de cada época, está claro que debe referirse, más o menos directamente, al sentido de la respiración rítmicamente regulada en la oración y la ascesis como ya hemos considerado en la nota 9.

díada, el diálogo, que ofrecía el amor de Dios al coloquio de la multiplicidad, al pueblo, que se encontraba, festivo, con toda la *Fratría*.

Y la tragedia —que también tiene orígenes dionisíacos— tomaba su nombre del *Trágos*, el carnero que, con ocasión de estos espectáculos, era sacrificado. Y se distinguió de la comedia especialmente por ser complementario a esta. De hecho, como la comedia era el ofrecimiento del uno en lo múltiple, así la tragedia constituía el reencuentro y la restauración de la unidad primordial. El movimiento dialéctico se impulsaba hasta el extremo, hasta traducirse en términos de vida y de muerte, de hierro y de sangre. Entonces, a través del agotamiento del choque, como después un laborioso y violento sacrificio al Dios de toda guerra (pues, aunque las celebraciones se realizaban en honor de Dionisos, es un hecho que el *trágos*, también llamado *arnós,* era sagrado para *Ares*, es decir, para Marte) a través de la catarsis, llegaba la paz, la unidad recuperada.

Por lo tanto, si la tragedia era *conversión*, si la tragedia era el *vertere*, de dos o más fuerzas en contraste, el punto de unidad más allá del choque violento de la catarsis, la comedia, era *divertimento*; era como la *divergencia* de todos los colores, todos *diferentes* y complementarios entre sí, del único rayo blanco de la luz primordial. También la comedia, naturalmente, *concluye* en la unidad; pero es unidad en la medida que es armonía en la diversidad, no en cuanto fusión; es unidad siempre considerada en la multiplicidad de los diversos colores; allí donde la unidad a la que conduce la tragedia es incluso la restauración del blanco rayo inicial, que, por lo demás, se encuentra en el mismo *trágos*, que era precisamente *amnós* (de aquí *agnus*, agnello[69]), blanco. La comedia parte de una unidad, en la que cada elemento parece estar confundido con los demás, para luego, al final, colocar cada cosa y cada persona en su respectivo lugar; y, en su lugar, cada elemento se ordena en la medida que se distingue y se define como complementario a los demás. Mientras la paz de la catarsis trágica es abandonarse a un

---

[69]**NdT**: En español, *agnello* significa cordero.

silencio, inmensamente querido, porque las duras y desesperadas palabras han agotado finalmente todo motivo sangriento. Y finalmente, para precisar mejor una y otra, diremos que la comedia es *agápē*, mientras que la tragedia es *éros*.

El Mito y el Verbo

Si en un primer momento, en la ciudad, el *lucus*, es sustituido por el templo, en un segundo momento, el espectáculo propiamente dicho se separa del rito sacrificial y se comienzan a construir los teatros. Sería interesante analizar sí, y cómo, al reemplazarlo, en el templo, de las columnas de madera (que precisamente simbolizan los árboles del *lucus*), con columnas de piedra o de mármol, tiene alguna relación con la separación del teatro respecto al templo; pero no es este trabajo donde tal examen pueda llevarse a cabo. Nos basta, en cambio, con constatar cómo, desde los más antiguos teatros hasta la época relativamente moderna, la parte reservada a los espectadores siempre ha formado una escena *menor*. Ciertamente menor no por el espacio ocupado, todo lo contrario, sino menor en cuanto, *cualitativamente*, era una *escena* en un grado mucho menor que la escena propiamente dicha. Y esto tendía a perpetuar la reciprocidad de influencias entre actores y espectadores, esencial e indispensable para la realización de un teatro realmente *auténtico*, de un teatro que sea verdaderamente *palabra*, que sea verbo.

Y de hecho, también Silvio D'Amico, en su historia del teatro, distinguiendo decididamente el teatro del cine como género fundamentalmente diferente, afirma que el primero es esencialmente movimiento con ayuda de la palabra; en el teatro cada gesto es palabra, y toda la acción no es más que un discurso; mientras que en el cine es visión cada palabra, y por tanto es movimiento; en el caso límite es movimiento de los labios y de los rasgos del rostro que, gracias a los instrumentos técnicos propios del cine, el espectador puede seguir hasta en los mínimos detalles. Ahora bien, si se reflexiona que es del teatro de donde se desarrolla el cine tan pronto como aparecen los medios técnicos, no se puede hacer menos que concluir que también para el espectáculo es cierto el inicio del Evangelio según San Juan: «*In principio erat Verbum...omnia per ipsum facta sunt*»[70]. De hecho, erraría, —y lo veremos más adelante— quien piense que la danza primordial sagrada era ya, esencialmente, visión y, por tanto, *acción*! No, era rito, y entonces esencialmente *mito*, era verbo. Era *acción*, y por ello *también* movimiento, pero asumido en el *acto* del verbo.

Se comprende así por qué, también en el teatro, cada clase social tenía su lugar bien determinado; justo como, ya en el *lucus*, todo el clan se ordenaba bajo la palabra de la divinidad. Para la palabra celeste, el *caos* se ordena al *cosmos*; y así, a la palabra de la escena, se ordena toda la *civitas*. La acción de la escena es palabra dirigida al público; pero el público no es parte del todo pasiva, por tanto, no puede ser *amorfo* como conviene precisamente a la pasividad total de la *hylē*, ¡de la materia que espera el acto sublime de la forma para poder existir y vivir realmente! El público responde a esta palabra articulándose como palabra él mismo en la jerarquía civil. Y, como hemos dicho, el verbo del teatro es

---

[70] «Exactamente al contrario del cine, el cual es esencialmente visión comentada por la palabra, el teatro dramático es palabra comentada por la visión»; así Silvio D'Amico, *op. cit.*, vol. I, p. 18. Está claro, sin embargo, que la *visión*, en el contexto de un espectáculo, debe tener una *duración* en el tiempo, y que no debe fundarse, al menos de manera *esencial*, en la palabra. Debe reducirse a la *acción* o, más precisamente, al *movimiento*. Lo que —por lo demás— está plenamente confirmado por el mismo término de *cinematógrafo*, cuya raíz griega *kine*, de donde proviene *kinéō*, y por lo tanto *kínēsis*, expresa precisamente la idea de movimiento. También el término *drama*, del griego *dráō*, que significa *obrar, actuar*, parecería conducirnos a un sentido muy cercano al de *kínēsis*; pero bien considerado, mientras este último término indica el *movimiento* y el *desplazamiento* casi como un fin en sí mismo, *drae*, de la raíz indoeuropea DRA' y DREU, de la cual también el término griego *dremos*, indica más propiamente el movimiento de la acción como *carrera*, o mejor dicho en su *curso*, en su desarrollo lógico e incluso —si se piensa en el sustantivo sánscrito *Dharma*—, en su ley interior. Es, en definitiva, la acción considerada como *parábola* o como *elíptica*, casi reflejando el recorrido de los astros. Lo que, por otra parte, deja bien clara la idea de la voluntad del cielo y del *deus ex machina* tan querido por el drama antiguo. Y todo esto tiende a presentar la acción como expresión animada de un *verbo*, y no como un *movimiento* cualquiera.

ante todo mito. En su sentido originario, el término griego *mýthos* significa *palabra, anuncio*, y por tanto palabra que se refiere a un hecho o que, incluso, *genera* un hecho. Es símbolo, es canon de un verbo trascendente no expresable del todo en forma discursiva.

Y el teatro, entonces, en su sentido más genuino es, de alguna manera, *contemplación y revelación*. Y todavía, una vez más, la semántica acude en nuestra ayuda: teatro deriva de *theōría*, que es la contemplación de un mito. Y aquí, el *mýthos* se revela como *anuncio*, ¡especialmente si se considera que *theōría* se refería, particularmente, a la embajada que los Atenienses enviaban al oráculo de Delfos y a Delos! Y ya el verbo *théō* indica el fulgurante advenimiento de la luz, de la luz-palabra que inmediatamente se convierte en verdad de vida en el corazón del hombre. Y más tarde, con el *velo* que se levanta para mostrar la escena en toda su maravillosa sorpresa, el teatro expresa todavía el sentido de la *revelación*, ya querido en las danzas de Isis que, uno a uno, dejaba caer precisamente aquellos velos que ocultaban su belleza como expresión de la más celeste verdad[71].

Teatro y templo, por lo tanto, son ambos símbolos cósmicos. Es cosmos de piedra y de estructuras arquitectónicas el templo, es cosmos encarnado en la *civitas*. el teatro. En el templo, el sacerdote sacrifica y recibe la palabra del Dios; en el teatro la misma palabra-mito tiende a hacerse *theōría*, como una *procesión*, es el itinerario del templo, del santuario, en el teatro, en la ciudad. Es el rayo del *Theós*, del *Dyaus*, de la luz primordial que amorosamente se lanza al corazón de los hombres. Y por una parte, los humanos vierten en el teatro cada uno de sus movimientos, cada diluirse en la acción del tiempo, para que, a la palabra primera, sus gestas vuelvan de vez en cuando a ordenarse y a encontrar su respiro, su *spiritus*, en el *orden* espacial; de modo que su fuerza, privada de una recomposición en la paz verdadera, no tenga que transformarse en violencia estéril y rabiosa; y la vida terrenal, en lugar de peregrinaje, en lugar de procesión o marcha viril de hombres,

---

[71] Sobre la danza de Isis véase el diálogo de la danza de Luciano de Samosata, § 59.

no se transforme en un precipitarse desbocado en el tiempo; y, sin palabra, no tenga que callar en el rechinar de dientes; sin la luz del *lucus*, no tenga violentamente que arrojarse fuera, en la tiniebla exterior.

Con la Anunciación del Verbo, el espacio cósmico parece traducirse más que nunca en términos humanos. Si en la antigua y auténtica astrología —no la que Dante rechaza en el infierno entre los vulgares adivinos, sino la que acoge amorosamente de cielo en cielo en el Paraíso, mostrando cómo las gestas de los hombres deben ordenarse a las figuras celestes — se observaba la configuración del cosmos según la posición de los planetas respecto al zodiaco; si antes Júpiter, Marte y Saturno eran medidas del mundo humano expresadas en los mitos, he aquí que, en los Evangelios, las medidas temporales de la acción son figuras humanas de principios. «El año decimoquinto del imperio de Tiberio César, siendo Poncio Pilato gobernador de Judea, Herodes, tetrarca de Galilea, Filipo, su hermano, tetrarca de Iturea y Traconítide, y Lisania tetrarca de Abilene; bajo los sumos Sacerdotes Anás y Caifa, la palabra de Dios se hizo escuchar a Juan...». He aquí cómo el evangelista Lucas (III, 1-2) sitúa en el tiempo y el espacio la predicación del Bautista, que anuncia a Cristo a las gentes. En el tiempo en el que todas las personas mencionadas estaban *simultáneamente* en sus respectivos poderes, Juan empezó a hablar; así como, también se podría decir, comenzó la predicación en el preciso momento en el cual cada uno de los astros del cielo asumió una particular posición respecto al zodiaco. Como buen griego, Lucas eligió la forma más querida para las costumbres grecorromanas: mientras los Magos caldeos, se habían movido tras contemplar la estrella en el cielo. Lucas elige el estilo romano; es el estilo del Imperio, así consagrado y asumido como estilo de la Palabra de Dios que desciende en el tiempo, desde la eternidad, por amor a los hombres. Pero no se debe creer que el amor o la predilección del tiempo en sí deba sustanciar al Cristianismo. Al contrario; si el Verbo se hace carne en el tiempo, es solo para *redimir* a los hombres, es decir, para *pagar* el precio de su rescate, y hacer que Dios sea finalmente «adorado en espíritu y verdad». Él ha sido *elevado* como punto central del espacio, como punto central del cosmos humano, del cual, por otra parte, la misma Cruz es símbolo, «para atraer a sí»[72]. He aquí, entonces, que la liturgia cristiana, en los dos ciclos, solar uno y lunar otro, en los ciclos de la Navidad y de la Pascua, propone de nuevo el mismo ordenamiento cósmico del universo en los términos de la vida terrenal de Cristo, de Su Pasión y Muerte y de Su Resurrección; en los términos de aquel Verbo encarnado que es, precisamente, ley y canon del cosmos y, especialmente, del hombre. Es el Verbo, por el cual cada cosa ha sido hecha, que se encarna para redimir al hombre, asumiendo, por él, la historia terrenal y todo modo de actuar en el tiempo, al ser como Palabra eterna, al cielo.

También los días del año comienzan a mencionarse con el nombre de los santos, con el nombre de los mártires y los confesores, de las vírgenes y las penitentes. Así, el espectáculo cristiano, en los *milagros*, en los *misterios* y en las *moralidades*, continúa estando ligado íntimamente al cosmos en una estrecha analogía. Es, de hecho, el día del *Santo,* en el que se celebra el *milagro* en escena; es en el día de ese *misterio* que el misterio mismo se dirige al público. En cuanto a la moralidad, en sus alegorías, recuerdan al hombre, al *microcosmos,* que su interioridad está constelada de cielos en los que resplandecen los astros de las virtudes. Y estrictamente vinculados al lenguaje del cosmos y de los cielos está el calendario del ciclo santoral cristiano; baste pensar, por ejemplo, como los dos mayores santos de nombre Juan, en coincidencia con los dos solsticios de invierno (el Evangelista) y de verano (el Bautista), continúan, también en el espectáculo cristiano, los antiguos rituales del *Janus januarius* y del *Janus junius.* Es Cristo quien no ha venido a abolir la *Ley*, sino a cumplirla; y cumplir en Sí mismo todo vínculo entre el hombre y Dios, así como todo vínculo entre el hombre y el cosmos; así como todo vínculo de los hombres entre ellos. Y la expresión artística de tal amor *pontifical* de la *Re-ligio* está reservada al verbo del teatro. Algo análogo, en el mundo islá-

---

[72] *Jn* III, 14; XII, 32.

mico del medievo, aparece con la figura del Profeta que, según la tradición musulmana, había descendido a los infiernos y ascendido a los cielos; y por esto mismo era llamado señor del cosmos. Tanto para el Cristianismo, como para el Islam, la figura del Hombre universal permanece como garante presencia, en la civilización, del canon único al que el gusto de cada nación, de cada pueblo, de cada ciudad y de cada persona humana, toma norma y medida *también* para el culto de la belleza como expresión de la verdad trascendente. Es el perenne diálogo del hombre con Dios, es el perenne diálogo de los hombres entre ellos que, en el espectáculo, encuentra una expresión viva y concreta.

El sentir del espectáculo como palabra, acompaña por ello los momentos más destacados de la historia del teatro. Basta con pensar, por ejemplo, que justo en el teatro shakespeariano, incluso los cambios de escenario se reducen a la modificación de acotaciones, de carteles como «Plaza», «Palacio real», y así sucesivamente. Y también en el teatro shakespeariano el público asistía jerárquicamente ordenado. En la medida que el teatro se aleja de la afirmación esencial como *palabra*, y pone el acento sobre el *hecho* y sobre la *acción*, el público, por su parte, tiende a nivelarse, a convertirse en colectividad uniforme, y, peor aún, a distinguirse sólo de las diferentes categorías de asientos determinados, casi exclusivamente por el precio del billete. Y el teatro es y sigue siendo palabra en la medida que es *símbolo*; porque símbolo es precisamente la misma palabra y el mismo lenguaje. De hecho, al menos en su sentido más profundo, la palabra del hombre es evocación. Mario Pellegrini, que enseñaba escenografía en la Academia de las Bellas Artes de Florencia, a menudo solía repetir a sus alumnos: «El teatro, por ejemplo, al tener que representar la muerte de un personaje, no debe presentarnos la acción de la muerte en su naturaleza, sino el símbolo de la misma muerte. Cuando quiero ver a alguien que muere de verdad, no necesito ir al teatro, ¡voy al hospital!». De hecho, la vía que conduce al teatro a convertirse más en visión y movimiento que en palabra, es el camino que conduce del teatro al cine; y es la misma vía que, a través del realismo, lleva inevitablemente al materialismo.

Del verbo al movimiento

La introducción de August Strindberg a su drama «La señorita Julia[73]» ha quedado como algo famoso y fundamental en la historia del teatro moderno. El gran dramaturgo sueco, para un teatro eminentemente *social*, concebido como *Biblia pauperum*, sugería, e incluso exigía, una serie de innovaciones técnicas: desde la eliminación de las luces de proscenio, que según él deberían haberse sustituido con poderosos reflectores desde los lados y el fondo del patio de butacas, a la expresión de la faz del actor, que debía considerarse condicionado por el movimiento de los sentimientos del rostro. Y no podemos hacer menos que dejar de destacar que tales innovaciones son, ya en el teatro, extremadamente *cinematográficas*. Ya con el teatro realista, por tanto, se avanza hacia el cine, porque el espectáculo tiende siempre a convertirse en un *fragmento de vida*, en un devenir, en un *acontecer*, y entonces a hacerse más acción y movimiento, más visión que palabra; esto a pesar de que, a primera vista, parecería que los intensos diálogos del drama burgués tienden a poner el acento en el *verbo*. En efecto, por otra parte, ese hablar es ya expresión de un *devenir*, es movimiento de pensamientos y de ansias, es movimiento lógico de lenguaje *determinante* y, por tanto, *científico*, más que *evocador*, *artístico* y *poético*. Los gestos del teatro realista ya no son símbolos, sino que buscan el efecto de hacerse real a partir del *hecho* como visión; mientras en el teatro antiguo, quizás mucho menos parco en movimientos, hablaba también a través de éstos, como palabras *pronunciadas* por la acción.

Se avanza ya hacia el cine, también porque los espectadores se convierten cada vez más en masa anónima. Y, finalmente, se avanza hacia el cine, con el teatro decimonónico, porque los personajes de este teatro burgués se enfrentan en su totalidad a los problemas

---

[73]Tr. it. en A. Strindberg, *La signorina Giulia* (prefazione), Florencia, Vallecchi 1931, pp. 16-38.

del individuo frente a una sociedad cada vez menos capacitada para acogerlo[74]. De hecho, se desintegra la estructura social en su tradicional ordenamiento jerárquico, con la fusión de cada individuo singular en la pseudo-unidad de la masa. Individuos extremada e irremediablemente solos ya en el público del siglo anterior; y, en un segundo momento, actores, también solos, debido al lento pero definitivo desmoronamiento de la institución de la compañía artística que el cine abolirá por completo. Es el fin del verdadero *affiatamento* (*cohesión*) entre los actores y el público y entre los propios actores.

El cine es un espectáculo eminentemente de masas, y su característica principal es, precisamente, la visión, la acción y el movimiento. De la idea primordial de una asunción en el espacio y de ordenamiento en el cosmos de todo movimiento temporal para transformarlo en una eternidad trascendente como acción asumida por el verbo, se llega, a través de la historia del teatro moderno, a un género de espectáculo en el cual todo es, en cambio, reducido al movimiento que se desarrolla en el tiempo. De hecho, también el espacio, en el cine, se traduce en términos temporales.

Ya no es, en el teatro moderno, la escena en la que diferentes acciones se representan al mismo tiempo en diferentes sectores, armoniosamente ordenados entre ellos. Ya no es el teatro totalmente espacial de las *mansions* del espectáculo sagrado en la Inglaterra medieval. Es, más bien, un sucederse de escenas medidas más por el tiempo que por el espacio. Y más tarde, en el cine, los *actos* tomarán incluso el nombre de *tiempos*. El cine elimina totalmente la escena, ya concebida como espacio, como medida única para cada personaje así como el cosmos es medida única de cada cuerpo celeste (en el teatro siempre visto al natural) y para todos los movimientos de todos los personajes entre sí. Los personajes del cine no se mueven ya en una *constante* medida ambiental; más

---

[74]Pensemos, por ejemplo, en el drama *Einsame Menschen* de Gerhard Hauptmann, que a finales del siglo pasado sonó como un verdadero manifiesto programático para el teatro realista de trasfondo burgués, en toda Alemania y también en el resto de Europa.

bien, son captados con un objetivo, unas veces de una manera y otras en un modo diferente, sobre fondos que varían en función de la posición de la cámara. El ambiente escénico, en la película, se desintegra en una sucesión de planos, todos regulados y medidos por el tiempo de permanencia en la pantalla. Y en esta sucesión, en esta alternancia, sólo la dimensión temporal prevalece como canon soberano y absoluto. Además, el cine no solo elimina totalmente la institución de la compañía artística, de modo que el jefe de la compañía teatral (que en el teatro actuaba como un director de escena) debe ser sustituido por un director que, entre otras cosas, sustituye el sentido de *cohesión* perdido; sino que tiende, cada vez más, a destruir, en el actor, ese sentido de unidad y de coherencia del personaje que el actor de teatro podía sentir, ya que, al interpretar, desarrollaba el papel que le había sido asignado de principio a fin[75]. De hecho, el actor cinematográfico, se ve obligado a rodar una escena de la película ahora, otra después, en el orden que de vez en cuando exigen las necesidades técnicas de realización. Y las diferentes escenas son finalmente *montadas* de forma que transmiten la *ilusión* de la continuidad como exige el guión. De modo que, para el actor, el papel ya no consiste en sostener una *palabra* bien articulada, como la expresión, variada pero siempre coherente de un *tipo*. Esa unidad, el actor, nótese bien, siempre debe transmitirla; de hecho, precisamente en el cine, tal compromiso debe notarse más, justo por la forma fragmentaria en la que las diferentes escenas son *rodadas*; pero el actor, en lugar de vivir o, mejor, *interpretar* esta unidad, debe construirla, debe *fingirla*. Más que intérprete, el actor cinematográfico es *instrumento*; y si era esclavo el *instrumentum vocis* del espectáculo romano, todavía más esclavo es el actor del cine como *instrumentum personae*. Y finalmente, característica eminente, no sólo del cine, sino con mayor

---

[75]El *director* está en el equipo cinematográfico como el *dictador* moderno se posiciona en el Estado agnóstico; mientras que el *jefe de la compañía* estaba en la compañía como un verdadero soberano natural en el Estado tradicional. De hecho, también la pseudounidad del *personaje* es sostenida y controlada por el director, así como el dictador tiene la personalidad de cada ciudadano que, en cambio, era respetada por el soberano natural y el patriarca.

razón de la televisión, es la abolición, casi completa y absoluta, de toda reciprocidad de influencia entre actor y espectador. La película, un medio puramente mecánico, es proyectada un número indefinido de veces a las masas que se suceden en las salas de proyección; mientras, los actores ya no participan en modo alguno en la acción representada. Conforme al sentido metafísico de toda díada, hemos comparado la acción recíproca entre actor y espectador, igualmente recíproca entre el hombre y la mujer en el coito; acción en la que el hombre es activo y la mujer es pasiva, y en la que, sin embargo, aunque en menor grado y de manera secundaria, también la mujer es activa y el hombre pasivo. Bueno, no es casualidad que el momento de máxima afirmación del cine en el arte coincida, en la historia de las experiencias científicas, con la afirmación de la fecundación artificial en el ámbito de la biología; con una fecundación, es decir, en la que el acto mecánico de la aplicación del germen vital sustituye el acto natural del coito y todo contacto directo entre el hombre y la mujer es eliminado. Y este germen se extrae previamente de la parte masculina, así como la actuación del actor cinematográfico se realiza con antelación.

Y en la reciprocidad de influencia entre actores y espectadores, comienza a surgir una confusión de la función inherente a los primeros con la función atribuida a los segundos. Por una parte, el cine neorrealista tiende a realizar cada película sirviéndose de intérpretes ocasionales, extraídos del ambiente real de la vida y, por tanto, extraídos del rol... de los espectadores. Por otra parte, es la televisión la que, a través de juegos y competiciones públicas, lleva la cámara a pueblos y aldeas enteras, que son al mismo tiempo espectadores y actores de la representación.

A los incautos podría parecerles que este tipo de espectáculo debe ser considerado como un retorno a las danzas primordiales del clan, en las que el pueblo, jerárquicamente ordenado, participaba activamente en el espectáculo del acto mismo en el que era espectador de la manifestación ritual por parte del celebrante; pero no es así. De hecho, en el caso de la danza sagrada primordial, la forma y la medida en la que los propios miembros del clan eran espectadores, y la forma y la medida en la que eran actores, estaba bien regulada y ordenada por el rito en armoniosa y verdadera síntesis. En cambio, en el caso de estas improvisaciones televisivas el sentido más elevado, y al mismo tiempo más profundo del papel de cada uno de ellos es completamente ignorado; solo se preocupan por problemas de *efecto* puramente exterior. Volviendo al símbolo de los sexos, diremos que la unidad de roles y funciones en la danza sagrada de todo el clan es análoga a la unidad de Adán en el sexto día de la creación, cuando Dios todavía no había creado a la mujer de su costilla. Adán era entonces el *andrógino* en toda su maravillosa síntesis. La confusión entre actores y espectadores en el espectáculo moderno debe, en cambio, compararse con la confusión de los dos sexos en la pretendida igualdad social entre hombre y mujer o, peor todavía, en la de la homosexualidad que, aunque siempre ha existido de alguna manera más o menos comprobada en el mundo, se está convirtiendo, cada vez más, en una de las *características* más preocupantes de nuestros tiempos. Se trata, en última instancia, de un *comunismo metafísico*. Es decir, se trata de una igualdad y de una uniformidad que, cada vez más, toma el lugar de la distinción y del orden; se trata de la cantidad que toma el lugar de la igualdad, o todavía peor, que tiende a afirmarse sobre esta. Se trata del rechazo, casi total, de la verdadera unidad cósmica en la diversidad de los complementarios, para dar paso a una masa cada vez más amorfa y muda. Y el signo del Verbo tiende, dolorosamente, a borrarse del rostro del hombre.

Para el renacimiento de un espectáculo que sea realmente palabra y expresión humana en el elevado lenguaje del símbolo, un director como Ingmar Bergman dedica toda su obra. Como él mismo ha declarado, se entrega a la obra del cine como un maestro comacino del medievo se dedicaba a la obra arquitectónica de la catedral. El cine es para él el medio más eficaz para llegar al hombre allí donde se encuentre; pero con su gusto y su preferencia personal, ¡Bergman vuelve una y otra vez al teatro!

Por una metafísica del espectáculo

El teatro como lenguaje

Se comprende entonces la enorme importancia que la función del espectáculo en general, y en modo particular en el teatro, tiene en el establecimiento y la conservación viva de la tradición de una civilización. Y también se entiende cómo y hasta qué punto es legítimo que algunos autores incluyan en la historia del *teatro* incluso los desfiles militares[76]. Es una necesidad más o menos consciente, de referirse al espectáculo primordial de la danza sagrada, entendida como *despliegue rítmico de un espacio determinado* de toda una estructura jerárquica, de una unidad, de una síntesis. Por supuesto, queda el hecho de que, naturalmente, en el caso de un desfile militar no se trata de una obra de arte... mientras que la danza sagrada del clan ya era, sin duda, arte.

Esta similitud, y al mismo tiempo esta profunda diferencia, es la característica particular de ciertos fenómenos de *agotamiento* de una civilización. Cuando un ciclo de civilización, tras un larguísimo período de gradual y progresiva involución, llega a un extremo, el final se asemeja extrañamente al principio; pero es, precisamente, la inversión del principio, así como una imagen reflejada en un espejo que invierte el original, mostrando la derecha en lugar de la izquierda y la izquierda en lugar de la derecha. También el *Apocalipsis*, en lo que concierne a la tradición cristiana, prevé la aparición del Anticristo, que tiene todas las características exteriores de Cristo, en una monstruosa inversión, al final de la historia terrenal de la Iglesia.

Y también se comprende el sentido metafísico e incluso escatológico de cuanto hemos dicho anteriormente, respecto a la *confusión* entre espectadores y actores, que es *inversión* de la *unidad* primordial, de la síntesis primordial del clan[77]. Y también se entiende,

---

[76] Así como el autor austriaco Joseph Gregor, en su *Weltgeschichte des Theaters*, Zürich 1933, trata precisamente desfiles militares, corridas de toros, procesiones, celebraciones en el Campo de la Santa Misa y todo lo que es, en cualquier caso, coreográfico.

[77] Debe considerarse igualmente una *inversión* el conocido modo de actuar

en momentos tan delicados de la historia de una civilización, la necesidad de referirse a una metafísica, la necesidad de volver a examinar ciertas características primordiales en su más íntimo y profundo significado, la necesidad de volver a la fuente para *restaurar* la tradición. Y que la palabra *restaurar* no asuste; que tal temor, bien considerado, viene generado en nosotros solo por las fuerzas (o, mejor dicho, por las *violencias*) intrapsíquicas, y por ello *materialistas,* de la inversión más extrema.

Es un hecho que el hombre es esencialmente palabra, esencialmente verbo. En el símbolo ágil de su *verbum vocis,* imagen fiel del *verbum mentis,* y en el articularse de cada sílaba, de cada frase y de cada periodo, se despliegan las posibilidades del pensamiento humano; para nosotros, manifestarse concretamente en aquellas *artes* mecánicas que la articulación del verbo traducen en la función de cada palabra ordenada en la unidad arquitectónica de toda *obra.* Y ninguna de las artes que los antiguos llamaban mecánicas es palabra como lo es el teatro[78]. El teatro es palabra en cuanto

---

desapegado querido por el propio Bertold Brecht. De hecho, es la verdadera inversión del estilo de actuación ya apreciado por los clásicos hasta el mismo teatro isabelino y shakespeariano, según el cual, el actor se dirigía siempre al público antes que a los personajes con los que mantenía el diálogo, *desvinculándose* así, de uno u otro modo, de la acción considerada en su aspecto realista. Pero tal actitud revelaba todavía algo de ceremonial respecto a la *cuarta pared,* de modo que la acción se desarrollaba de forma *simbólica* y en relación con el mismo sujeto; mientras que la forma de actuar de Brecht se debe solo a una verdadera *fractura* interior en lo que concierne a la participación del actor en el papel del personaje. Véase Giovanni Calendoli, *Teatro di coscienza e teatro di obbedienza,* «Maschere», sept-oct. 1963.

[78]También San Buenaventura del Bagnoregio, siguiendo el *Didascalicon* de Hugo de San Víctor, coloca al teatro como la *séptima* de las *artes mecánicas,* en tanto que es *servil.* Toda arte *mecánica,* de hecho, siempre según Hugo de San Víctor, se propone el consuelo o la utilidad. Se ordenan en parejas: el *tejido* y la *armadura,* para vestir y proteger al hombre; la *agricultura* y la *caza* para alimentarlo; la *navegación* (comercio) y la *medicina,* para procurarle aquello que le falta (productos exóticos, la navegación; y la salud al enfermo, la medicina). Finalmente, el *teatro,* para el deleite, pero no es casualidad que el teatro no esté emparejado con ninguna otra arte. De hecho, si ponemos las siete artes en comparación con los días de la *creación* como *obra* de Dios, el teatro corresponde

diálogo de los actores entre sí, es palabra en la medida que es coloquio entre actores y público. Pero especialmente es palabra en cuanto a que es arquitectura de elementos humanos en las estructuras orgánicas del templo, de la *civitas;* y es *civitas* la obra arquitectónica realizada por el espectáculo, así como es *urbs* la obra arquitectónica propiamente dicha. De hecho, eran los mismos *Ediles* que, en los antiguos ordenamientos romanos, se ocupaban tanto de los edificios como de los espectáculos, incluso el mismo *edificio* del cuerpo humano de cada ciudadano debía construirse con el trigo que los Ediles distribuían.

Si la arquitectura propiamente dicha ordena sus estructuras de piedra, de ladrillo o madera en la unidad tradicional de la obra, el teatro ordena a los hombres, en cada ocasión, en la construcción espiritual y civil de la *koiné* en sus tres dimensiones estructurales de la ética, de la tradición y de la política (en el sentido más elevado del término) que, para la unidad social, corresponden respectivamente con las dimensiones del intelecto, de la memoria y de la voluntad del alma individual.

Que el gusto por lo bello sea en el hombre un hecho espontáneo, es muy cierto, sin embargo, a condición de que no se olvide que es espontáneo como lo es su palabra que en ocasiones irrumpe con entusiasmo, en otras con dolor o bien reacciona respondiendo a los estímulos más inesperados. Tanto el gusto por lo bello como la palabra, aunque son espontáneos en cada manifestación, no por ello deben *considerarse innatos* en la psique humana. El individuo humano recibe el lenguaje de la sociedad en la que nace y en la que es educado; sin ello, no podría comunicarse ni con sus semejantes ni consigo mismo, porque toda la vida intelectual se reduciría a un angustioso sucederse de imágenes privadas de *signo* y, por tanto, privadas del orden de cualquier pensamiento discursivo. Y el existencialismo de nuestros días, bien considerado,

---

al séptimo día; al día de descanso que es, por tanto, día consagrado a Dios, ¡a la contemplación y a la oración! De modo que, justo el teatro, se reconecta nuevamente con el *rito*. Véase el opúsculo de San Buenaventura, *De reductione artium ad theologiam*, § 2.

no es otra cosa que un fenómeno debido a la ausencia de lenguaje verdaderamente tradicional, de modo que el primer y más agudo síntoma, advertido por las almas más sensibles, es precisamente el de la soledad, no solo frente al mundo externo, sino también, en los casos más extremos, frente al yo[79]. Así, el gusto que espontáneamente se revela al individuo no se forma en él con la misma espontaneidad. Y en la medida que el individuo se forma en el gusto estético según la tradición de los padres, se ordena él mismo en la arquitectura social, se hace persona humana, se hace ser verdaderamente *religioso*. Igualmente, el mundo externo se ordena en su intelecto según géneros y especies conforme al canon de la palabra; y a su vez el hombre redimido por la palabra en la sociedad, se hace él mismo redentor de la realidad objetiva en torno a él. Creer que el gusto estético, o el mismo lenguaje, son actividades espontáneas, así como son espontáneas en el hombre y el animal ciertas relaciones físicas, como el uso de los cinco sentidos, significa ignorar por completo la naturaleza del hombre para reducir la actividad interior de su espíritu a simples reflejos condicionados como los que Pavlov encontró en sus conocidos experimentos con los perros. La palabra es un hecho natural, así como es natural para el hombre el gusto estético; ciertamente, no se trata de dones sobrenaturales de la Gracia de Dios. Por otra parte, no conviene olvidar que precisamente el misterio del lenguaje y de la palabra humana hunde sus raíces en esta naturaleza, totalmente espiritual, que es característica esencial del hombre. Por lo tanto, aunque no sea en sí misma una Gracia sobrenatural, es, sin embargo, disposi-

---

[79] Es un hecho que para el existencialista la *soledad* no es recogimiento y plenitud como la *beata solitudo, sola beatitudo* de los místicos; es, más bien, angustia, es *insuficiencia* y carencia. El místico, según la más auténtica tradición espiritual, es *uno*; está verdaderamente *solo*, asumiendo en sí mismo a cada *prójimo* (*mones,* del cual *monje* significa también *uno* en el sentido de aquel que vive precisamente *fratres in unum,* tanto en el cenobio, como en la celda individual del eremita en el que cada uno lleva a todos los hermanos en su corazón); mientras el existencialista plantea el problema de la soledad en la medida que se siente *individuo* y *aislado,* aunque esté en el mundo y en medio de los demás. Y esto a causa de la incomunicación que, especialmente, sufre el hombre moderno respecto a sus semejantes.

ción a la Gracia y a lo sobrenatural; es condición indispensable para una respuesta a la trascendencia. Solo se puede explicar la palabra del hombre postulando el Verbo de Dios: la palabra humana no es palabra divina, pero es, sólo y exclusivamente —al menos en su esencia— respuesta a la palabra de Dios. Es una clave misteriosa en el tender hacia ese Dios del que el hombre es imagen y semejanza.

El teatro del silencio

La actual crisis del teatro es la crisis de una civilización en la que se celebran todavía los ritos y los sacrificios establecidos por la tradición, se recurre a los sacramentos —todos ellos muy eficaces en la salvación individual en el más allá—, pero sin mantener todavía viva y eficiente la acción *pontifical* de estos en la vida cotidiana. Es una crisis de civilización en la que el trabajo ya no se ordena efectivamente a través del rito, y la cultura ya no es acto de gradual y progresiva conciencia del rito sagrado que une, o que debería unir, el cultivo al culto, el trabajo a la Obra sagrada y la palabra humana al Verbo de Dios[80]. La actual crisis del teatro es, en definitiva, la expresión —o mejor dicho, la *no-expresión*— evidente de que el ateísmo está en las raíces de la civilización occidental moderna. Es una crisis de religión.

Fue especialmente con el enciclopedismo del siglo XVIII, sobre todo con el sensismo, que por primera vez en la historia de la civilización el hombre es clasificado, en los textos de historia natural, al mismo nivel que cualquier otro sujeto del tercer reino de la naturaleza, al mismo nivel que cualquier otro animal; porque toda prerrogativa humana es considerada *sic et simpliciter* inherente a la naturaleza animal del hombre; así como son inherentes, respectivamente a las distintas especies animales, las propiedades de ladrar, de relinchar, de bramar, de volar... Mientras todas las civilizaciones precedentes, verdaderamente *humanas*, nunca dejaron

---

[80] Remitimos al lector que quiera acceder a un trato más exhaustivo del tema a nuestro ensayo *Cultura cristiana e culture di questo mondo*, «Carattere», nn. 2-3-4, 1963.

de repetir, de un modo u otro, en las formas y mitos más diversos, que el hombre no tenía otra *especie* que no fuera la imagen de la divinidad; nunca dejaron de repetir que la especie del hombre tenía sus propias raíces en lo alto, como más tarde, para Dante, *aquel árbol que vive de la cima* (*Par*, XVIII, 29). Pero en realidad, lo que también podría decirse de la raíz terrenal de la naturaleza humana, una vez trasplantada fuera del Edén, es la posibilidad, como también dice Santo Tomás, de ser cualquier especie, la posibilidad de convertirse en un *microcosmos*; por lo tanto, es la desoladora y mísera indeterminación de un *microcaos*; la triste *disponibilidad* de un animal, inferior a los demás precisamente por su superioridad... precisamente por su maravillosa posibilidad de ser Dios como *pantocrátor* del cosmos interior; un animal, como decía Plinio El Viejo, que no puede hacer nada que no se le haya enseñado antes, un animal que, por su exclusiva naturaleza en el estado meramente individual, ¡solo puede llorar!

Y así, desde que todo ordenamiento civil de la sociedad humana ha dejado de fundarse sobre constituciones sagradas, desde que el sacrificio y el rito pontifical han dejado de constituirse como el eje de la misma estructura civil, desde que la religión se ha dejado sobrevivir como mera opinión individual que solo se respeta —cuando se tiene voluntad— como expresión de la conciencia de cada cual y como actitud completamente privada entre cada alma y Dios, el espectáculo se va alejando gradualmente de la expresión verdadera y auténtica del arte, de la expresión alta y profunda de la palabra reveladora, para convertirse en un instrumento de propaganda, en un medio para reafirmar ciertos *eslóganes* en los cerebros cada vez más esclavos de la masa.

Qué no se crea, con esto, que es nuestra intención abogar por un teatro de *temática sagrada*, todo lo contrario; precisamente el teatro de temática sagrada, hoy, corre el riesgo de resolverse en un grave engaño, el de liberarse demasiado fácilmente, y además de manera demasiado aparente, de todo compromiso auténtico, verdadera y metafísicamente *sagrado*, con una elección cualquiera de contenido. A diferencia de la primordial danza sagrada, el teatro no es, en sí mismo, un elemento constitutivo del rito, sino solo el reflejo y la consecuencia de este en un plano más natural y humano del arte.

El verdadero y auténtico teatro debe abordar temáticas de carácter concreto y sinceramente humano; sagrada debe permanecer, precisamente por esto, la verdadera dimensión vertical cielo-tierra, en torno a la cual la cultura debe encontrar su eje y, la civilización, redescubrir la savia de su lenguaje y la digna belleza de cada uno de sus gestos. Alguien dirá que tal concepción del teatro es abstracta en relación a la sociedad actual; pero esto solo equivale a decir, ni más ni menos, que la sociedad actual está abdicando continuamente ante toda prerrogativa humana, y que no quiere ser perturbada en absoluto en el curso de un proceso que sería demasiado suave llamar proceso de embrutecimiento. De hecho, perdido todo canon trascendente, el sentido de lo bello, dejado enteramente al individuo, se reduce a puro hedonismo o, lo que es peor, a mera sensualidad. Y también aquí podrían parecer saludables —a primera vista— ciertas planificaciones de impronta más o menos soviética para *imponer* un nuevo lenguaje de lo bello, sea cual sea. Pero sería todavía la imagen invertida del espejo, sería el fin que se asemeja al principio solo porque es su inversión. Y es justo en tal inversión de todo valor religioso que el comunismo no ha tenido reparos en pronunciar *dogmas*.

Las percepciones sensoriales son esencialmente individuales; y siempre que el hombre, por el don enteramente *tradicional* del lenguaje discursivo, abstrae la idea universal del particular sensible, *nombrando* el objeto según el género y la diferencia específica, cada vez que el hombre traduce la experiencia en pensamiento, trasciende la propia individualidad, volviéndose hacia la dimensión de la universalidad. Para Santo Tomás, así como para Aristóteles, la individualidad está de parte de la materia y, por tanto, de parte de la *sensación*. De modo que, en la medida que la universalidad decae, se individualiza, y por eso mismo se *materializa* todo interés del hombre por lo real. Es así que el hombre pierde la *personalidad* cualitativa, acentuándose en él la individualidad cuantitativa como *individuo singular*; y, para un individuo de este tipo, material y real tienden siempre a identificarse por completo; mientras el hombre verdaderamente *normal*, en el natural ejercicio de la propia personalidad, sabe bien que el ideal es más verdadero que lo material, aunque esto sea más concreto que aquello; sabe bien que ideal y abstracto no se identifican en absoluto; pues hay abstracciones que no tienen ninguna consistencia real o ideal, aunque, para volverse hacia la idea, sea necesario abstraer lo universal del particular sensible. Ahora bien, no es casualidad que en ciertas lenguas neolatinas, como en el italiano o el francés, *bello* derive de bueno[81]; de hecho, es bello aquello que es espiritualmente bueno, aquello que es espiritualmente *verdadero* —puesto que la verdad es precisamente el *summum bonum*— y verdad, bondad y belleza no son más que tres aspectos del ser. Pero si la medida de la verdad trascendente es ignorada, será bello sólo lo que es bueno, lo que resulta grato *materialmente*. Será bello lo que es disfrute más o menos físico e inmediato... y en el solo goce físico se identificará toda *verdad*.

De los cánones clásicos de lo bello, enunciados en la contemplación de la verdad trascendente que se expresa en belleza, a través de la revuelta romántica se pasa a afirmar que es bello aquello que gusta; la unidad ideal de la belleza se ha perdido de vista y, de la universalidad, se retrocede hacia la particularidad, de la verdad de la opinión, de la belleza del uno al gusto de muchos, de la trascendencia del espíritu a la inmanencia y, por tanto, a la materialidad, a los sentidos, a la exhibición de la carne en la excitación del sexo. Todas estas cosas tienen poco que ver con el arte. Y el gusto, materializándose, pierde toda apariencia de estabilidad, toda prerrogativa de *carácter*. El agua, considerada

---

[81] Como es sabido, el adjetivo *bello* no deriva de la forma latina (*pulcher*), se forma, más bien, a partir de otra raíz latina de origen oscuro; es decir, de DWENOS, cuyo primer sentido es el de la *bondad*. Siempre en lengua latina, de hecho, deriva del adjetivo *bonus*. Solo en época postclásica se desarrollará la forma *bello*. En otras lenguas romance, como por ejemplo en español, el adjetivo que tiene el significado de *bello* se desarrolla a partir de la forma *formosus*, de la cual proviene precisamente *hermoso* (f = h, así *filius* = *hijo*). Sin embargo, también en español, se tiene *beldad* para belleza, que revela la misma raíz DWENOS.

solo en la medida de los sentidos, es *buena* mientras dura la sed. Aquello que está del lado de la materia, es por ello mismo parte de la cantidad; del *repetirse* en lugar del *perdurar*, del *devenir* en lugar del *ser*, del *tiempo*, por tanto, en lugar de la *eternidad*. Toda clase de manifestación o de representación, que sobre tal gusto se funda, se reduce así a una carrera afanosa a través de toda posible mutación de la vida... o, mejor dicho, de una pseudovida que ni siquiera será muerte, porque todavía carece de la quietud del sepulcro y del lento y libre fluir de la disolución química del organismo.

Cada acto humano está ignorando el canon del *ser* y de la verdad trascendente; y el mismo ser decae en el hombre orientado solo al *hacer*; la misma belleza del *acto* se pierde, sólo queda la frenética e ineluctable urgencia del actuar como movimiento. Solo el efecto físico y mecánico será pronto la única medida de todo gesto del hombre. Es por esto que la propaganda, ya sea la propaganda política, como la publicidad comercial, se está apoderando, poco a poco, pero también con la máxima celeridad, de toda palanca del espectáculo, de la literatura y del arte en general.

Es loable la constancia y la firmeza con la que nuestro Giovanni Calendoli, y con él todos los colaboradores de «Maschere», rechazan todo juicio *estético* a aquellas obras que, esencialmente, más que arte, son mera propaganda; pero tampoco hay que hacerse ilusiones; si la llamada *civilización moderna* continúa por la vía emprendida hace ya algunos siglos, llegará, muy pronto, también una estética... ¡de la publicidad y de la propaganda! Basta con observar estos últimos siglos de historia y pensamiento del arte: cada innovación radical, cada *revolución*, bajo el moderno inmanentismo, al rechazar todo *dogma* y canon trascendente, crea de vez en cuando una nueva estética para justificar, no solo, sino incluso para alabar y exaltar, el nuevo arte revolucionario del momento, siempre en perfecta *antítesis* con el arte del período anterior... Pero en realidad no se trata de una auténtica revuelta, sino de un *momento dialéctico* en una exasperante pseudohistoria desintegradora de toda realidad. Pronto, muy pronto, la posición de aquellos que intentan salvar lo salvable sin pasar decididamente a las constataciones más valientes y radicales, será vista con desdén y compasión, como semicrocianos; como tibios seguidores del buen hombre Benedetto Croce, que quería revolucionar la estética, pero que estaba tan atrapado por las rémoras *burguesas* que debería preguntarse ¡¿*Por qué no podemos llamarnos cristianos?!* Si solo el devenir de la dialéctica histórica será la medida del hombre de un próximo, muy próximo, mañana, si solo el efecto considerado como la concreción materialmente realizada en el *hacer* será aceptado como única norma válida, no se dará otra estética si no la de la propaganda, capaz de hacer actuar a las masas de un modo u otro. El espectáculo, así, no tendrá que *convencer* sino solo *cautivar*; y el único crítico de arte será el experto en estadística, es decir, será aquel capaz de *medir* la eficacia cuantitativa de la propaganda planificada.

Hace ya casi dos mil años, en el *Apocalipsis*, Juan se atrevió a pintar un mundo así; ¡entonces, cuando apenas se podía vislumbrar la posibilidad! Por un lado, en la visión de Juan, los salvados, los mártires que han mantenido firme el canon trascendente de la verdad, se alinean, casi en una danza sagrada, doce mil por cada una de las doce tribus, alrededor del trono del cordero, del *trágos* de la santa tragedia de la Redención; por otro lado, la masa, sometida a la planificación cuantitativa del pseudo-verbo de la propaganda, solo puede comprar y vender si está marcada con el sello de la bestia, del Anticristo. Los primeros cantan, modulan su aleluya según el canon angélico de la música celeste; los segundos actúan y callan.

Y también esta extrema *practicidad* de la obra de arte de un futuro tan próximo no será más que una inversión demoníaca de la primordial *funcionalidad*, toda arquitectónica, del arte verdaderamente tradicional como ya hemos dicho al inicio. El castillo del medievo, el palacio, la catedral, eran *también* de uso práctico; el monumento inútil, en la plaza, dedicado a comendadores más o menos ilustres... desconocidos, todavía no existía en la Edad Media; cada estatua, cada fresco, cada obra singular, debía ordenarse de acuerdo con la funcionalísima arquitectura, como cada criatura singular se ordena al cosmos. Se trataba de obras de carácter verdaderamente *universal*, y precisamente en tal universalidad se asumía gozosamente el cumplimiento de cualquier otra exigencia práctica. El arte funcional, en definitiva, respondía al canon dado por Cristo: «*Quaerite ergo primum Regnum Dei, et iustitiam Ejus, et haec omnia adjacentur vobis...*» (*Mt* II, 33). Mientras la moderna practicidad no es sino la adoración de Mammón.

Renunciar a los cánones de la verdad trascendente, a los que cada civilización y persona debería orientar la educación del propio gusto por lo bello, significa renunciar, de forma ineludible, a cualquier lenguaje verdaderamente artístico, sobre el que los hombres todavía pueden entenderse y cooperar en la construcción de una civilización propiamente dicha. Así ningún tipo de espectáculo podrá convertirse en expresión del Verbo, sino solo en un movimiento apremiante, continuo y exasperante. Ningún gesto será ya verdadera expresión, ningún acto será vida y lenguaje. Todo diálogo desaparecerá; no solo todo diálogo de paz, sino también toda posibilidad de un diálogo en guerra. Porque en el caso de la fe en un Verbo universal y trascendente, llegará a desaparecer del todo en esta civilización moderna, incluso el desesperado enfrentamiento de la guerra será impensable; y los hombres no podrían amarse ni odiarse, sino que solo podrían sentirse tremendamente extraños.

Y cuando el verbo del teatro deba callar realmente, apagada la última luz de esperanza en el proscenio de la vida, podría sin duda bajar el telón sobre aquellas tinieblas exteriores, donde no tienen cabida alguna las palabras humanas, sino solo el llanto y el rechinar de dientes.

V

Tradición y Revelación

- Il Ghibellino, 1961.

UN GRAVE ERROR DE PERSPECTIVA, muy común entre quienes se enfrentan al *Apocalipsis de San Juan*, es el de creer que el último libro de la Biblia trata exclusivamente del fin del mundo. Nada es más falso; y a partir de este prejuicio se valen las fuerzas *ínferas* (es decir, *inferiores*), para impedir al hombre el conocimiento de las verdades reveladas en su tremenda actualidad. ¿Cómo podría explicarse, en efecto, la inercia del mundo de hoy frente a lo que está ocurriendo en todas partes? ¿Cómo podría la humanidad asistir pasivamente al colapso de la civilización tradicional, si no fuera considerando los Textos que le advierten y le ponen en guardia, como revelaciones remotas y poco actuales?

El plano demoníaco se muestra en toda la astucia del Maligno, no tanto allí donde el ateísmo es proclamado, como en el seno de la sociedad cristiana. Mientras que el iluminismo, fuera de la Iglesia, se dedicaba a sustituir la religión y la Tradición Católica por el más vago teísmo para, inmediatamente después, presentarnos el rostro del inmanentismo y del ateísmo más crudo, en el seno de la misma Iglesia el pre-quietismo y el quietismo por un lado, y el jansenismo por otro, se encargaban de trasladar fuera de la vida o de la historia la solución de cada problema espiritual[82]. El quietismo acepta supinamente el pecado como permitido por Dios, eliminando así toda combatividad en la ascesis; el jansenismo traslada al más allá el cumplimiento de toda verdad. Y fue especialmente esta última herejía la que debía penetrar insidiosamente en el ánimo de muchos católicos. El jansenismo hizo proselitismo en Italia, especialmente durante el risorgimento, y justo gracias al jansenismo (entre los jansenistas se cuentan el Barón Bettino Ricasoli y la madre de Giuseppe Mazzini) ¡se proclamó abiertamente desde los Alpes hasta Sicilia que era lícito combatir al Papa y la Jerarquía de la Iglesia sobre el plano temporal aunque permaneciendo como verdaderos católicos en el espíritu!

Así la Biblia fue considerada solo como el Libro para la salvación del alma individual después de la muerte; y los filosofastros venidos del vulgo gracias al estudio abierto a todos, se encargaron de explicar la historia según *leyes* más o menos improvisadas; y, finalmente, la última palabra la tuvo el marxismo, que en las leyes económicas veía la explicación de todo móvil de la historia y cada aspecto de la civilización. Pero el hecho más grave era, y lo es todavía más hoy que entonces, que las teorías de los economistas del marxismo aparecieron como las más verdaderas, porque —mientras tanto— el hombre, cada vez más degenerado, se ha situado completamente bajo la lógica del valor *económico*.

---

[82] Por la Iglesia, naturalmente, entendemos aquí la sociedad de los cristianos militantes, por los hombres seguidores de Cristo, y por lo tanto, de una sociedad igualmente falible y corruptible. Por ello, mientras deben considerarse fuera de ella los iluministas, los inmanentistas y, con mayor razón, los ateos, todavía deben considerarse en el interior de la Iglesia —aunque equivocados— a los jansenistas y a los quietistas. De hecho, aunque heréticas —y, por lo tanto, más allá de la Iglesia en lo que concierne a la participación en la Gracia— estas dos últimas categorías de cristianos no quisieron reconocerse nunca, a pesar de los anatemas que les afectaron, miembros ya separados del cuerpo social de los verdaderos fieles. Está claro, finalmente, que hablando de errores en el seno de la Iglesia católica, no entendemos tratar de la Iglesia como institución docente, como depositaria de la Tradición de Cristo sobre la tierra. Bajo este último aspecto, obviamente, la Iglesia es y permanece *infalible*, y, en cuanto tal, *incorruptible*.

Ignorada la Tradición Católica por la filosofía moderna, he aquí que escapa la escuela humanística en el sentido más íntimo de los mismos filósofos griegos como Platón y Aristóteles. Y en realidad, era totalmente ridícula en Italia una escuela humanística dirigida por liberales y revolucionarios. De hecho, el verdadero humanismo debe fundarse sobre el *hombre universal*, sobre el Hombre-Dios, y por tanto, sobre Cristo y la Tradición de la Iglesia Católica; porque sólo a condición de que el hombre sea Dios, y sea Dios no como *individuo*, ni como *masa* o *colectividad*, sino en la unión hipostática de dos naturalezas en la misma *Persona*; solo a condición de fundarse sobre el Hombre-Dios como mediador universal entre Creador y criatura, para que la humanidad pueda hacerse *divina*, para participar en la Gracia, el humanismo puede afirmarse verdaderamente y con razón como una verdad absoluta y fecunda, y no difundirse como una retórica vana.

Gracias al pseudohumanismo moderno, por tanto, ya no se logró comprender el íntimo vínculo entre la verdad natural de la Tradición precristiana y la verdad revelada que es su cumplimiento en la palabra de Dios; y ya no se logró entender más cómo y cuánto los antiguos mitos y las antiguas filosofías estaban en lo cierto. La filosofía antigua sucede al mito y del mito emana en todas sus formas expresivas; mítico es el mismo lenguaje de Aristóteles que nos habla de *hylē*, es decir, de *selva* entendida como materia que espera la *forma*, como tiniebla (selva oscura) que espera la *luz*: mítica es la misma expresión del *caos*, que en griego significa abismo y de «...tiniebla sobre la faz del abismo» ya se habla, por otra parte, en las Escrituras, en el Génesis (*Génesis* I, 2). Es un hecho que la filosofía es, ante todo, *logos*, es *discurso*, por tanto es *verbo*: y la Tradición del Verbo es religión.

La insensatez del mundo moderno es causada, por tanto, por el divorcio entre Revelación y razón, entre Verbo encarnado y lo que San Justino llama Verbo *espermático*. El hombre ya no accede a las Escrituras, o lo hace solo para extraer enseñanzas morales: lo que es ya mucho para la salvación del alma individual, pero muy poco para alinearse en batalla contra las fuerzas del Maligno que están arrastrando a la civilización hacia su fin. Por otra parte, el hombre está perdiendo el sentido verdadero de la filosofía, y el auge del existencialismo es la prueba más evidente de ello.

Sin embargo, para convencerse de que el *Apocalipsis* no habla solo del fin del mundo sino de *toda* la historia del Cristianismo, o mejor dicho, de la era cristiana, es suficiente con tomar el texto desde el primer capítulo y leer en el versículo 19: «Escribe, pues, las cosas que tú has visto, y lo que son y lo que serán de *ahora en adelante*». Juan es arrebatado por una visión para contemplar los misterios de los siglos; los siglos de la historia le aparecen todos, presentes en la plenitud de su síntesis. Y de esta se despliega toda la simbología de los veintidós capítulos que componen el Libro.

Como nuestros lectores recordarán, ya sobre las páginas de esta revista, comparamos *La República* de Platón con el *Apocalipsis* de Juan[83], para mostrar las analogías entre la progresiva decadencia de la *ciudad* áurea de los antiguos mitos y el gradual advenimiento del tiempo del Anticristo en la visión de Juan Evangelista. Y no fue una comparación basada solo en aspectos exteriores o puramente casuales. Tanto la analogía, como la profunda diversidad entre la concepción platónica de la involución de la era aristocrática a la tiranía por un lado, y de la prevaricación apocalíptica desde la encarnación de Cristo hasta el predominio de la *bestia* por el otro, encuentran su más íntima razón de ser en la inspiración primigenia tanto de Platón como de Juan.

Juan Evangelista, que durante la Última Cena descansó sobre el corazón de Jesús, se inspira en el Verbo que es Principio y Fin, Alfa y Omega, de toda la realidad (Cfr. *Apocalipsis* I, 11). Y Platón se dirige hacia la plenitud del ser en el infinito producirse de todas las ideas. Juan escruta en los tiempos que fueron, que son y que serán, en el continuo medirse de un *tiempo, dos tiempos y la mitad de un tiempo*; y Platón ve el universo desplegarse desde los cielos en las eras, siglos y milenios, para después concluir todo en el *gran año*, que tendrá fin cuando cada Planeta, a través de las más variadas

---

[83] *Il Ghibellino*, año II n. 4-5 (1961): «Città mitica e Città mistica» (N. del E. orig.).

y complejas circunvoluciones en las esferas celestes, encuentre de nuevo el lugar desde el que partió al principio de los tiempos. Se trata en realidad de antiquísimas doctrinas de los pueblos arios que podemos reencontrar hoy en los textos de la Tradición hindú. Así como el año solar para Platón no era otra cosa que un continuo retorno de las estaciones a imagen del último retorno de cada astro al punto de partida para concluir el gran año, para la Tradición hindú el *yuga*, el *manvantara* y el *kalpa*, son medidas en las que se subdividen los tiempos en la cosmogonía y en la historia. Varios *yuga* forman un *manvantara*, varios *manvantara* un *kalpa*. Y como el año solar reproduce de alguna manera el desarrollo del gran año cósmico, así, cada *yuga* reproduce el *manvantara*; de modo que cada era, en su surgimiento, en su decaer, reproduce la creación, la evolución y el fin del mundo.

En *La República*, Platón nos traza la parábola de la degeneración de la ciudad del régimen aristocrático, concebido como momento de *fundación*, hasta la tiranía, la muerte de la verdadera vida civil. He aquí, por lo tanto, el motivo que hace a la República análoga al Apocalipsis, a la progresiva afirmación de la gran prevaricación ya anunciada por Cristo en Su *Parusía* (véase Mateo XXIV 1 y ss.) hasta la imposición del Anticristo en el mundo. Se ha querido decir que, mientras la Tradición precristiana ve la continua repetición de eras y de ciclos, cada uno de ellos en su nacimiento, en su desarrollo y en su decadencia, como espíritu de una ley muda e inapelable, para la Revelación cristiana el mundo se desarrolla decididamente hacia su cumplimiento en Dios y la eternidad de una vez por todas. Y es cierto, pero lo es solo en la medida en que —efectivamente— las antiguas doctrinas, fundadas en la verdad natural (que, aunque es siempre de emanación espiritual y desde lo alto, no tiene los caracteres de la Revelación sobrenatural) consideran la evolución y la historia más en las leyes del propio devenir antes que en la esencia del Principio y del Fin último que las trasciende. Pero dicho esto debemos añadir inmediatamente que las doctrinas precristianas de las civilizaciones arias no ignoran este Principio y este Fin último, sino que, implícitamente, lo afirman;

y la verdad natural en ellas contenida postula así las necesidades de la Revelación en la que debe cumplirse[84]. La antigua ley del descenso de las eras desde la eternidad no es negada por Cristo, sino que es llevada a su cumplimiento: «Yo no he venido a abolir la Ley, sino para cumplirla» (*Mateo* IV, 17); y esto no vale sólo para la Ley de Moisés, sino también —si bien de una manera muy diferente— para toda la Tradición que precedió el Advenimiento de la Encarnación del Verbo.

De hecho, como hemos observado en *La República* de Platón, la fundación de la ciudad ideal no es en absoluto *histórica*, sino que trasciende la historia humana, ni más ni menos como la trasciende el Edén para las Sagradas Escrituras. En cambio, lo que hay de *histórico* en *La República*, al menos en su aspecto fenomenológico, es el *modo* en el que cada civilización degenera hasta la tiranía. Y por lo demás, también el inicio y el fin del *gran año* trascienden en el desenvolverse de las eras y los siglos. Si no estuviera ya implícita una medida trascendente y eterna, ¿Por qué exigir este *retorno* al primer momento? ¿Tanto valdría que el desarrollo de los ciclos fuese continuo en toda la analogía de cada uno de ellos con el ciclo precedente? Y, en cambio, para obtener un procedimiento similar, ¡deberíamos esperar el *inmanentismo* de Hegel!

Según el *Viṣṇu Purāṇa*, la era en la que hoy vivimos sería la del *Kali-yuga*, que en sánscrito significa negro, oscuro, y la nuestra sería precisamente la *edad oscura*. Y el último *yuga* del último *manvantara* de este *kalpa*; y la historia de la humanidad está a punto de llegar a sus conclusiones. Por cuanto concierne a la Revelación cristiana, por otro lado, el mismo Jesús nos habla simultáneamente del fin de Jerusalén y del fin del mundo, de modo que cada signo de los tiempos últimos debe aplicarse tanto a uno como al otro; y esto de manera completamente análoga, aunque no idéntica, de cómo los antiguos consideraban el fin del año solar como un símbolo del

---

[84] Como es sabido, ciertamente no faltaron en la antigüedad teorías que afirmaban la eternidad del mundo; pero se trata de tesis meramente *filosóficas*, de actitudes que ya poco tenían que ver con la Tradición auténtica, y por cada institución *religiosa* precristiana ya eran vistas, por lo general, como *heréticas*.

fin del gran año cósmico. «Yo os digo en verdad, que *no pasará esta generación* antes que todas estas cosas acontezcan» (*Mateo* XXIV, 34); y está claro que —por cuanto concierne a la caída de Jerusalén— habla de la generación física. De hecho, Jerusalén será destruida en el año setenta de la Encarnación, por lo tanto, cerca de cuarenta años después de la predicación de Jesús. Pero en lo que respecta al fin del mundo, no pasará de esta generación significa que no pasará de la generación de los *renacidos*, de los *regenerados* por el Bautismo, no pasará la Iglesia, que el fin del mundo se encontrará todavía en pie.

Y he aquí, por lo tanto, la confirmación del *Viṣṇu Purāṇa*. De hecho, el *Kali-yuga* es la última generación, la última era, la edad oscura en la que Dios mismo se ha encarnado para hacerse crucificar; después de esto la historia habrá terminado. Y es una confirmación de lo oscura que la era cristiana debe ser. Jesús nos dice que si, por un lado, antes del fin, el Evangelio será predicado sobre toda la tierra, por otro lado, será un continuo sucederse de guerras y rumores de guerras. El Evangelio será predicado por todas partes, pero la prevaricación será casi total, tanto que Jesús se pregunta si el Hijo del Hombre en Su retorno, encontrará todavía fe sobre la tierra.

Las dos venidas Cristo, la de la encarnación y la de Su reinado de mil años sobre el mundo, eran percibidas antiguamente como muy cercanas una respecto a la otra, tanto que San Pablo, en su segunda carta a los Tesalonicenses (II 1 y ss.) debe advertir a los cristianos para que no crean que está demasiado próxima. Sin embargo, sigue siendo cierto que la encarnación no debe considerar tanto la mitad de la historia como su final. Está a mitad de la *historia* si por historia entendemos la codificada y conocida por la cultura moderna; pero cuando la historia comienza a registrarse en las crónicas escritas estamos ya en fase de *materialización* de las costumbres; todavía no, ciertamente, en el materialismo, sino en esa *materialidad* y en ese sentido de *concreción* que prepara el clima histórico de la encarnación de Dios sobre la tierra. Pero si consideramos la historia como vida de la humanidad salida del Edén en adelante, entonces, la encarnación ya preanuncia su final; y la Iglesia, consciente de esto, es toda una proyección de la humanidad hacia los días finales.

Profundamente diferentes, por tanto —aunque también análogas— son las doctrinas precristianas sobre el devenir del mundo y la Revelación del Apocalipsis. Las primeras son intuiciones del intelecto naturalmente iluminado por Dios, la segunda es Verdad directamente revelada de forma sobrenatural; pero precisamente por esta diversidad se encuentran y se encajan perfectamente como complementarias. Las antiguas doctrinas nos hablan de una continua degeneración del mundo tras la caída del estado primordial, estado de beatitud, y las Escrituras, no solo nos presentan en el *Génesis* el gesto del pecado original, revelándonos la razón más profunda de la propia caída como consecuencia de la progresiva degeneración de la humanidad por la lepra de la culpa, sino que en el Apocalipsis se narra incluso la prevaricación de Lucifer, por cuya tentación Adán fue inducido al pecado: «Y el gran dragón, la serpiente antigua que es llamada Diablo y Satanás, el cual seduce a todo el mundo, fue arrojado a la tierra; y con él fueron arrojados también sus ángeles». (*Apocalipsis* XII 11).

Así, las antiguas tradiciones narran el mito del Dios que se sacrifica por la salvación de los hombres; es *Wotan* colgado del árbol de *Yggdrasill* para los germanos, *Kṛṣṇa* para los hindúes, *Dionysos* para los griegos. Los antiguos ritos son figuras de *salvación* para el sacrificio y el lavado, de rescate y purificación de la culpa; pero si cada brote de primavera en el derretirse de las nieves es para la humanidad antigua un símbolo de la restauración final de la edad de oro sobre la tierra, nada saben decirnos los antiguos mitos y las antiguas doctrinas de cómo se producirá el cumplimiento glorioso de la verdad. El tiempo se mueve desde el eón y, por tanto, desde la eternidad, desde el ser trascendente, y en el retorno al seno del ser, el mundo y los siglos encontrarán su cumplimiento, pero tanto el Alfa como el Omega, tanto el Principio como el Fin, trascienden misteriosamente la historia de la humanidad. La misma Encarnación y Muerte del Dios que salva y redime permanece en el mito; y si debe traducirse en términos rituales en el sacrificio concreto, no es por ello un acto vivo en la historia y en el tiempo.

Con el advenimiento del Cristianismo, he aquí la encarnación histórica del Verbo bajo el imperio de César Augusto, he aquí la Crucifixión y la Resurrección. Y en el *Apocalipsis* de Juan está trazada la historia futura de la salvación realizada por Cristo, que, después de ser resucitado de la muerte, ha envíado el Paráclito a la Iglesia para continuar la Tradición de la santidad a través de la historia de los hombres.

Según los antiguos mitos, desde la edad de oro la humanidad está destinada a descender a la edad de plata, a la edad de bronce y, finalmente, a la edad de hierro, que se corresponde totalmente con la edad oscura, con el *Kali-yuga* de la Tradición hindú. La barbarie del último materialismo marca el fin de los tiempos, así como para la mitología germánica el *Ragnarǫk*, o crepúsculo de los Dioses, arrastra la luz, verdad y belleza hacia la oscuridad final de *Fenris*, el lobo que devora el sol. De aquí un nuevo mundo de nuevos cielos y nuevas tierras. Pero después de la encarnación y la Revelación del Nuevo Testamento, Juan, en el *Apocalipsis*, junto a la progresiva apostasía del mundo, y más allá de esta, ve el triunfo de la luz y de la Iglesia. Antes incluso de la apertura del séptimo sello y del desencadenamiento de las calamidades sobre el universo, Juan ve la Gloria de los mártires ante el trono de Dios. Estos mártires blancos marcados por la sangre del Cordero, como caballeros cruzados de rojo, no son solo aquellos que dieron y darán la vida terrenal por la Fe, sino también, y sobre todo, aquellos que siglo tras siglo se oponen con decisión al mundo y a sus expresiones sociales, cada una más blasfema que la anterior. Son *Mártires*, y *mártir*, del griego, significa *testimonio*: son por ello testimonios de la Verdad trascendente contra toda *pseudo-verdad*, contra toda *opinión pública* proclamada desde lo bajo; testimonios de la Cruz contra la masa que grita *crucifícalo* en un grotesco sufragio universal inclinado al deicidio. Ellos son los seguidores del caballero que desciende sobre su caballo blanco y coronado de oro al abrirse el primer sello, el caballero armado con el arco que

Tradición y Revelación

ha venido para vencer. Ellos ya han vencido en el acto mismo de emprender la guerra santa contra el falso progreso del mundo, en el mismo acto en que la plebe le creyó derrotado para siempre. Ahora bien, la victoria está asegurada en el misterio de la eternidad, y ya en la cloaca del tiempo, la planificación de la humanidad, sierva y corrupta hasta hacerse marcar por la Bestia, puede ir hacia delante de siglo en siglo hasta el día en que el Anticristo se afirme sobre el mundo. Es el Anticristo que Pablo llama *Misterio de la iniquidad*, y que actúa entre nosotros esperando poder alzarse sin oposición (*II Tesalonicenses* 6 y ss.). No es que sea malo todo cuanto el progreso produce[85], ni que sean malas las invenciones de la técnica moderna, pues el mal no tiene esencia si no como una lepra que desfigura lo bueno y lo bello; en cambio, abominable es la actitud de la humanidad pervertida la que propaga la lepra del materialismo que prepara al mundo para el falso reino de la Bestia.

Por tanto, Juan ve aparecer al Anticristo en el mundo como alguien ya derrotado desde el principio por la blanca hueste de los fidelísimos a la Tradición que «... no se han contaminado con mujeres» (*Apocalipsis* XIV 4), no se contaminaron con las revueltas de lo bajo contra la virilidad y contra la Señoría del Rey de Reyes. Así, en el *Apocalipsis* de Juan, no se pasa directamente del triunfo de la Bestia al final. La Bestia debe ser derrotada aquí, sobre esta tierra; y sobre esta tierra se afirmará el reino de la gloria de Cristo. Por ello, la diferencia entre las tradiciones precristianas y la Revelación del *Apocalipsis* consiste, sobre todo, en la victoria dada desde lo alto por los testigos de la tradición; consiste en el milenio de gloria sobre esta tierra, respecto al cual, en los mitos precristianos, no hay ningún rastro.

Algo nuevo ha sucedido en el mundo; Dios se ha hecho hombre realmente. El Verbo se ha hecho verdaderamente carne, ha muerto y ha resucitado; y esta Resurrección, como dice San Pablo, es la

---

[85]**NdT**: Sobre el *progreso* en Mordini véase *El templo del Cristianismo. Para una retórica de la historia*, Hipérbola Janus, Huesca, 2016: «De ahora en adelante, en estas páginas nuestras, progreso moderno será siempre sinónimo de involución espiritual» (pág. 123); «Se quiera o no, progreso moderno significa antitradición» (pág. 148).

garantía de nuestra Fe, de nuestra Esperanza y de nuestra salvación; la garantía de Su retorno. Ernesto Renan escribió que, pese a todo, Cristo tuvo que morir; resucitado o no, estaba muerto, por tanto no podía ser Dios, solo un hombre; porque Dios, según Renan, no habría podido morir. Pero en realidad, si Cristo no estuviera muerto, la historia habría terminado con el acto de Su Encarnación. Como Renan, todo el pueblo judío rechazó creer a Cristo porque lo vio desnudo sobre la cruz, y no vio a todo el universo transformar su rostro por la presencia del Dios encarnado. El judío Ernesto Renan, quería un Cristo no tocado por la muerte, un Cristo que pasa de la vida terrenal a la Gloria: pues bien, el *Apocalipsis* nos habla precisamente de esta segunda venida del Salvador en Su carne gloriosa para no morir más. Nos lo describe a caballo, reinando con vara de hierro sobre el mundo: y en su muslo[86] está escrito «*Rex Regum et Dominus Dominantium*». Entonces también el pueblo judío, finalmente satisfecho en su mesianismo, se convertirá a Él.

Por tanto, he aquí que en el *Apocalipsis* de Juan, como en el resto de la totalidad de la Revelación Cristiana, el mesianismo judaico por un lado, y el gran retorno cósmico de la Tradición aria por el otro, se encuentran en un único cumplimiento por el misterio de la Encarnación y por la manifestación gloriosa del reino de los mil años que precederá al fin del mundo. Esto quisieron testimoniar los Magos que en el estudio de los cielos y del retorno cósmico vieron Su estrella y vinieron a adorarlo pidiendo certeza a Herodes, Rey de los judíos. Y el oro de la edad primordial del Rey, el incienso para el Dios que rige el universo y la mirra para el Hombre Universal, son dones de la gran Tradición aria que se acerca al trono del cumplimiento y de la eternidad sobre la tierra.

---

[86] El símbolo del «muslo» indica la función polar del *Rex Regum*: el «muslo» era, de hecho, el nombre antiguo de la constelación de la Osa y, por lo tanto, de la Estrella Polar; asimismo, el muslo, siendo el miembro que permite la posición erguida, también tiene un valor de «estabilidad» (N. del E. orig.).

VI
Acción aristocrática

- Il Ghibellino, 1961.

ENTRE GENERACIÓN Y GENERACIÓN, entre individuo e individuo, el intervalo de la muerte parece marcar el ritmo de la vida natural en el tiempo y en el espacio; y angustia y soledad son signos del mundo moderno, del mundo del existencialismo y del socialismo, hecho solo de problemas insolubles en los que las *cantidades* y las *masas* se debaten sin comprender ya nada de la viva realidad de las cosas.

Se busca al *hombre* en toda su completa unidad y coherencia, pero el valor de la persona no consiste en el hecho de ser individuo, así como, por otra parte, la unidad del género humano no puede consistir en la suma de todos los hombres. Tal suma se expresaría sólo con un número grandísimo... *indefinido*, justo el contrario de la unidad y del *infinito*, precisamente lo contrario de las dos principales características del ser humano.

La unidad del hombre trasciende la cantidad y la totalidad de los individuos, y es la cabeza de un cuerpo maravilloso; la unidad del género humano es el *hombre universal* que los cristianos llaman *Homo Cristus Jesus*, los judíos seguidores de la Cábala *Adàm Qadmòn* y los musulmanes *el-Insānul-Kāmil*. Para toda la Tradición verdaderamente sagrada y humana es el Hijo de Dios que ha vencido a la muerte; y de tal victoria sobre el abismo y sobre las tinieblas, el hombre puede unirse con amor a sus semejantes, las generaciones pueden desplegarse serenas desde las generaciones que las precedieron y continuar en el mundo el camino de la vida y de la civilización hacia el fin último.

De modo que unir a los hombres entre ellos significa unirlos al Altísimo, y es acción pontifical, así como la *religión* (del latín *re-ligare* = unir, ligar juntos) es verdadera unión suprema y *lictoria* en el ligamento de cada vara y de todo el haz al hacha de la justicia[87]. Unir a los hombres entre ellos es tender puentes entre los individuos para hacerlos personas vivientes y libres, es tender puentes a Dios para someter el tiempo a lo Eterno, venciendo la muerte.

Hoy, las uniones políticas de los hombres ya no conocen nada de todo esto, e incluso la Iglesia, viuda del *Imperium* y privada de un equivalente temporal en la jerarquía civil, se dirige hacia su crisis más dolorosa; y ahora más que nunca, en tiempos de *democracia*, el mismo sentimiento religioso se ha convertido en un privilegio de místicos raros, ignorados por la mayoría. El Estado moderno se ha reducido a un estado meramente económico y, por tanto, las instituciones religiosas corren el riesgo de reflejarse en ordenamientos *sindicales* y *materialistas*, ¡como si la moderna sociabilidad pudiera redimirse y consagrarse sin una total conversión de sus formas en las de las antiguas instituciones corporativas o, en todo caso, tradicionales! El Estado moderno promueve sólo organizaciones del trabajo o asistenciales, por un lado, y solo intercambios comerciales y empresas industriales por el otro. Orientado hacia el materialismo, se preocupa de las nuevas invenciones de la ciencia, el vuelo en los espacios cósmicos... Son cosas, por lo demás, que agitan a la prensa pero dejan fríos a los hombres; son el fruto de reiterados cálculos y no de inspiración. Al no ser parte del *genio*, carecen de universalidad, ¡y el mundo no logra sentirlos como propios!

El Estado moderno no es capaz de hermanar a sus súbditos

---

[87]Sobre el tema del fascio como unión y, por lo tanto, sobre su significado metafísico véase G. De Giorgio, *La Tradizione romana*, ed. Flamen Milán 1973 (N. del E. orig.).

entre ellos, y en un entorno así, ni siquiera la parroquia cristiana puede llegar a unir a los fieles, al estar privada de un símbolo visible, de un *soporte* civil sobre el que extender el amor del Verbo. Y no podría ser de otro modo, ya que, favorecida por Carlomagno, la institución de la parroquia floreció en el seno del imperio de Occidente, y su forma estaba indisolublemente vinculada a la fuerza generosa de este.

Pero también la crisis actual, como cualquier otra, ofrece una salida positiva a cualquiera que quiera y sepa adoptar un punto de vista tradicional. De hecho, como Estado meramente económico, el Estado moderno puede ser fácilmente ignorado como valor ético y como institución *civil* de los hombres de buena voluntad; o, mejor, puede caer en las manos de los hombre verdaderamente *libres* como esclavo y *ministro* de bienes materiales, ya que *ministerio* significa literalmente *servidumbre*.

Unir a los hombres para vivir como *fratres in unum* es acción pontifical, es una acción aristocrática de una jerarquía que se despliega desde lo alto sobre el mundo. Es muy reciente la acusación de que el cine ha dirigido a la aristocracia en general y a la aristocracia italiana y romana en particular[88]. Esto no nos desalienta en absoluto; solo nos preocupa la actual y vil costumbre de difundir todo a todos y en todas partes, como si el haber cumplido dieciséis, dieciocho o veintiún años de edad constituyera un hecho *cualitativo* que otorgue la virtud suficiente al individuo para acceder a cualquier representación. En cuanto a la acusación, la acogemos con toda la serenidad propia de los hombres de nuestro rango, e interpretamos esta *orgía* de jóvenes nobles romanos en el sentido más profundo y doloroso, más esencial, y en definitiva, más real que tanto neorrealismo. Es un inconsciente y desesperado anhelo de urgencia; es la necesidad de una verdadera *ágape* de unidad, de unión *gozosa* donde la muerte sea vencida, la eternidad reconquistada, el amor sinceramente eficaz y fraterno, la alegría y el entusiasmo

---

[88] Mordini se refiere a la conocida película de Federico Fellini *La dolce vita*, en la que se evidencia el estado de degradación al que se ha visto reducida cierta aristocracia que ha roto todo vínculo con sus propios orígenes (N. del E. orig.).

reencontrado. Ese velar y adormecerse en el alcohol, ese buscar el uno en el cuerpo del otro como si en una serie de abandonos, de carencias inesperadas o en el contacto de las carnes pudiera encontrarse la unión y la unidad, esa larga *cena* de aburrimiento sin saber nada de lo eterno, es la necesidad angustiosa de la *cena* como *koiné*, ¡de la Mesa redonda de los hombres libres para partir el pan del Palacio para cada casa del mundo!

Por lo demás, si los burgueses observaran con más atención sus matrimonios, descubrirían precisamente la insuficiencia de esta orgía... una prolongación de relaciones carnales sin experimentar unión, un onanismo recíproco en el que las dos partes permanecen extrañas y condenadas a la soledad. Es el matrimonio de la sociedad moderna que ha *superado* (sic) *el primitivo concepto ritual de la realidad.* En la medida que las instituciones modernas se han *emancipado* de los principios del feudalismo y de la sacralidad del poder jerárquico, la familia se ha hecho extraña al ordenamiento civil; y en el moderno democratismo cada ciudadano tiene que volver a empezar como si no existiera tradición de estirpe y nada pudiera transmitirse con el nombre y con la sangre. Todos los ciudadanos son iguales y están nivelados frente al Estado como una serie cuantitativa, y la familia es prácticamente ignorada en el ordenamiento político desde que la última huella de *paternidad* sobre los pueblos fue ridiculizada con el nombre de *paternalismo*... ¡Y se continúa hipócritamente afirmando que precisamente sobre la familia y para la familia se funda el Estado democrático!

Por nuestra parte no dirigimos a la aristocracia y a la nobleza actuales la crítica vana e insulsa movida por ese amor hacia el escándalo y por lo turbio que caracteriza al hombre democrático; en cambio, ofrecemos la solución única, oportuna y necesaria. Si la sangre azul puede reavivarse con la roja de los hombres surgidos de abajo por sus virtudes, es absurdo y ridículo creer que se pueda crear *ex novo* una aristocracia. Ni siquiera el cristianismo ha pretendido nunca tanto; y San Gregorio Magno, uno de los mayores papas cristianos, es hijo de la *gens Anicia* de la antigua nobleza romana; y los príncipes germánicos sobre los que se funda la aristocracia carolingia eran herederos de los reyes consagrados antes a los *Ases*, más tarde al Redentor. Y es con tal levadura que la civilización cristiana ha fermentado un nuevo heroísmo, una nueva caballería y nuevas familias injertadas en el árbol cósmico de la Cruz.

Precisamente en esta tierra de Francia, que será el escenario de la más repugnante manifestación de barbarie iluminista, justo en esta Francia que verá la subversión de pueblos y valores, Dios envió, como advertencia indulgente y providencial, a Juana de Arco, para que enseñara al mundo el estilo cristiano de la contrarrevolución. Entre la viva y santa pastorcilla de ovejas y el lánguido aunque consagrado monarca francés hubo un encuentro del cual extrajo todo un ejército de una nación que parecía acabada... mientras trescientos sesenta años más tarde, la revolución del siglo XVIII marcaba con la vergüenza a la civilización occidental.

El Estado democrático, surgido de los vestigios de la moderna técnica de la guillotina, así como de un industrialismo llevado hasta el verdugo, ha completado su evolución y ha conseguido su lugar y su oficio relegándose al plano de la economía. Es esta la hora de nuestros nobles, es la hora de que todas las familias tituladas reúnan a su alrededor a las familias humildes de buena voluntad, las protejan, las sostengan, las ayuden y las eduquen. Que les enseñen que los hombres no son iguales y no deberán serlo nunca; que les enseñen que la igualdad es del todo opuesta a la fraternidad evangélica, y que un mundo de iguales no sería un cuerpo sano en sus miembros articulados, no una criatura vida del cielo, sino un cadáver putrefacto del que cada parte alimentaría de manera indiferente a los gusanos de la tierra. ¡No en el jardín del Edén, sino en la ciénaga fría y nivelada del infernal Cocito!

Que se hagan verdaderas y propias *clientelas* (en el sentido romano del término) en lo bajo, y en lo alto que las familias nobles se unan alrededor de las familias principescas... y este entorno de familias soberanas, reinantes o pretendientes que se precien. Quien se injertará en los sarmientos de la jerarquía será salvado, los demás serán arrastrados por el comunismo y el materialismo. Quien se injerte tenazmente en la jerarquía podrá, como mucho, ser arrollado en los bienes y en la vida física, nunca en su personalidad, que será inmune frente a los *eslóganes* de las masas cuantitativas; y no caerá presa del convulso y continuo agitarse de crisis, de reforma en reforma, en una *historia* que no es digna del hombre.

Basta con abrir los ojos del alma para ver que la sociedad democrática ya no tiene nada que decir; su pesado mecanismo burocrático apenas insinúa movimientos funcionales y eficaces en la defensa de sus instituciones; las fuerzas de guerra callan petrificadas por el terror atómico.

He aquí el momento más adecuado para restituir el Cuerpo místico de Cristo en la ágil nervadura de Sus jerarquías sacerdotales y civiles. Y si el Estado moderno sobrevivirá todavía, continuará su bajo servicio cada día dando alimento, vestido y bebida a los hombres realmente libres que saben mirar hacia lo alto. En cuanto a nosotros, dejamos que los muertos entierren a sus muertos, seguros de que del estiércol del mundo moderno volverá a aflorar todavía la civilización de la Tradición universal.

VII

El arco en el cielo

— *Il Ghibellino*, 1961.

EL ARCO EN EL CIELO, tal como nos lo transmite la tradición noaquita de las Escrituras y las antiguas sagas del *Edda*, como signo luminoso de la restaurada unidad entre cielo y tierra, entre aguas de lo alto y aguas de lo bajo, entre Dios y el Hombre, es uno de los símbolos más difíciles de vivir, al menos para el hombre de hoy. Especialmente tras los siglos que, desde la Edad Media y a lo largo de toda la historia moderna, han invertido todo orden de valores, la enfermedad del individualismo anida en todas partes; siempre dispuesta a manifestarse por las vías más inesperadas y de las formas más insidiosas. Y es solo en este sentido que nos preocupan las observaciones que Silvio Grasso, en las páginas de la «Rivista di studi tradizionali», ha dirigido a la labor desarrollada por «Il Ghibellino» en general, y a nuestros escritos en particular.

En efecto, sería del todo inoportuna una polémica entre nosotros y Silvio Grasso; inoportuna y carente de sentido, dado que no se trata de diferentes puntos de vista, ni de opiniones opuestas. Y, por otra parte, para quienes se mantienen en el orden de la Tradición, no puede haber oposición sino como un aspecto exterior de una *coincidencia* entre *complementarios*. Es este el sentido más amplio del símbolo del arco en el cielo; precisamente porque *restaurada* la unidad entre cielo y tierra, es restaurada al mismo tiempo la complementariedad de los aspectos más diversos para la asunción de lo múltiple en el uno; asunción que es el fin último de toda Redención. No se trata solo de un arco que une cielo y tierra; *también* se trata de un arco de siete colores como manifestación de los tres colores elementales del único rayo blanco sobre la luz solar;

«Es un hecho que una auténtica restauración tradicional, incluso en el cuerpo del ordenamiento social, depende y, de hecho, coincide esencialmente con la restauración de la espiritualidad. Y como restauración de la espiritualidad entendemos la toma de conciencia (efectiva, obviamente, y no solo teórica) de esos principios sobrehumanos, esencias eternas e inmutables, de las que también procede el mundo sometido a las condiciones de la vida y del tiempo». Hagamos nuestras estas palabras de Silvio Grasso, y continuemos diciendo que la restauración de la espiritualidad, dadas las condiciones de *esta creación* y *de este* universo, deben realizarse solo en algunos individuos, y será precisamente a través de tales individuos que, por la naturaleza *universal* de la misma tradición, la humanidad entera será partícipe. René Guénon nunca se cansa de repetir en sus escritos que tal obra individual de la restauración no puede contaminarse, si es auténtica, ni con el egoísmo, ni con el orgullo individual, porque la tradición en sí no concierne al individuo como tal. Es el individuo quien realiza la restauración, pero la realiza en la medida en que trasciende su propia individualidad, la realiza en la medida que la misma individualidad queda sepultada y la persona resurge en la identificación suprema con el Principio, con el Ser perfectísimo. Quien actúa en este sentido, lo hace por el universo entero.

El mencionado vínculo entre el mundo y Dios para la realización del conocimiento efectivo nunca ha desaparecido; si así fuera, el universo ya habría dejado de existir. De modo que la *restauración* es ya un hecho consumado, al menos en su esencia[89], lo que queda por realizar es la participación efectiva de la humanidad. Bien

---

[89]Cfr. el artículo precedente titulado *Tradizione e rivelazione,* donde se dijo: «Ellos ya han vencido en el acto mismo de emprender la guerra santa contra el falso progreso del mundo» (N. del E. orig.).

considerado, el problema de Guénon reside precisamente en esto. Él cree firmemente en un *centro*, en un *omphalos* respecto al cual la sociedad moderna ha perdido el sentido; se trata por ello de reordenar el mundo en torno a ese centro como alrededor de la medida de unidad del propio universo.

Ahora bien, si por un lado la restauración se opera en el individuo y a través de una vía totalmente interior, por otro lado, para lograr la participación viva de la humanidad en la restauración, es necesario operar en un sentido contrario, es decir, desde el exterior. Esta es la relación entre las Escrituras y el hombre: por un lado la inspiración que se realiza en la interioridad del autor, por otro lado la sumisión, de quien lee un texto más o menos físico, a la palabra contenida en él. También según Dante Alighieri, el sentido *anagógico*, el más elevado, es *forma* de todos los demás, es inspiración primera; pero para quien lee «...es imposible llegar al interior si antes no se llega al exterior» (*Convivio*, tratado II cap. I), no se puede acceder a los demás sentidos si antes no se afronta el sentido literal.

Todo ordenamiento social es *exotérico* por su misma naturaleza, y sin él nunca habría unión entre el centro tradicional *esotérico* y el mundo de los hombres. Por otro lado, no se puede pensar ni remotamente que la tradición se difunda esotéricamente, es una contradicción en términos, porque lo que es esotérico se difunde como exotérico, y lo que es exotérico (pero siempre tradicional) es, a su vez, manifestación de lo que es esotérico. De hecho, la relación entre esoterismo y exoterismo es análoga a la relación creador-creación. Ya desde movimientos teosóficos de finales del pasado siglo y de los primeros años del siglo XX hemos tenido la lamentable experiencia del democratismo... ¡*esotérico*, de los optimistas y de los filántropos, que estaban convencidos de poder restaurar la tradición difundiendo progresivamente el esoterismo!

Para expresarse en los debidos términos, por lo tanto, no se debería ni tan siquiera hablar de una restauración de la tradición en el mundo, sino de una restauración del mundo en el orden tradicional. El centro espiritual y esotérico es el Grial, y no se trata de un símbolo puramente *medieval*, sino de un principio eterno y celeste que descendió entre los hombres desde los orígenes[90]. Ahora bien, es muy conocido el sentido que tuvo, para los caballeros del medievo, la búsqueda del Grial: era el ordenamiento de cada *milite* cualificado a ese principio para recibir de él una virtud regia y, por ende, someter el mundo con la fuerza. Si por un lado la predicación (y la consiguiente iniciación) tiende a poner en acto la *llamada* de los *elegidos*, por otro lado la *guerra santa* tiende a ordenar el mundo a los principios tradicionales. Para quien no está cualificado para la gnosis no existe religión ni tradición sin un poder civil que de la tradición sea presencia concreta y temible. Esta es la ley sobre la que se rige y se debe regir el mundo.

Una tradicionalidad exclusivamente *sacerdotal* no daría nunca un paso hacia delante por la restauración efectiva del mundo, no solo eso, sino que, ¡debido a su ceguera al no querer reconocer la función sagrada del ordenamiento militar y ecuestre, correría el riesgo de perder también la conciencia de la tradición!... Es el drama del mundo moderno, privado de una élite ecuestre, de una élite de Reyes: como se puede constatar, la única actividad que le queda a la Iglesia es la de predicar... al desierto, al mundo árido de las reformas sociales continuas y de las planificaciones.

Mientras la élite pontifical de los iniciados mantiene sólidos vínculos entre Dios y el mundo, la élite ecuestre, en contacto directo con la primera (pensemos también en las relaciones entre Arturo y Merlín), debe imponer al mundo un ordenamiento civil que *por sí mismo* eduque al hombre en la tradición. Se debe dar al mundo un ordenamiento jerárquico que sea imagen y semejanza de los Coros

---

[90] De hecho, el Grial no es un símbolo exclusivamente céltico, ni, por otro lado, un símbolo si es verdaderamente tal, puede ser *exclusivo* de una determinada civilización histórica, porque entonces perdería precisamente su carácter como tal, es decir, supratemporal y universal (cfr. *Excalibur* n. 1-2/197 pág. 39ss.); el Grial pertenece a la Tradición única originada en el Verbo. Es más, «es su corazón mismo de carne convertido en vaso de sangre» (Mordini en «Tradizione e genesi del tradizionalismo attuale», *Excalibur* n. 1-2/1979 pág. 88) y, por lo tanto, se reviste, según los tiempos y los lugares, de formas propias de las tradiciones particulares (N. del E. orig.).

angélicos (estados supraindividuales del ser) para que el hombre se sienta realmente imagen y semejanza de Dios. No solo hay hombres *espirituales*, sino también *psíquicos* e *hílicos*; en esto están de acuerdo los Santos Padres desde Tertuliano a Orígenes, desde Ireneo a Clemente de Alejandría. Ahora bien, se debe operar la restauración de toda la humanidad ordenada según los principios tradicionales, se debe admitir necesariamente que los *hílicos* serán ordenados por la fuerza, los *psíquicos* por la fascinación de la autoridad y los espirituales por el amor. Fuerza, fascinación y amor que operan no tanto por coacción, sino por convención: porque la fuerza *convence* realmente al *hílico*... ¡es su elemento! Y nunca como hoy el tipo *hílico* ha sido tan común. Por otra parte, los efectos positivos de la guerra santa no deben atribuirse a la fuerza en cuanto tal, sino a la conexión espiritual con el principio realizado por la élite esotérica a través del conocimiento efectivo. Y la guerra santa también debe ser acción política del hombre tradicional en nuestro tiempo; pero por *política* no debe entenderse la acción de partido (al contrario, es mejor estar en guardia para no dejarse contaminar por ella) sino el operar tenaz y paciente sobre el mundo, esperando, como al acecho, cada momento propicio, cada situación particular, que pueda dar lugar a un cambio hacia algo mejor. Mostrar a los hombres la falsedad de las ideas y de los principios sobre los que se sostiene el mundo moderno es un trabajo *político* del que no podemos ni debemos sustraernos. Y si es cierto que los hombres abiertos al esoterismo pueden encontrarse en cualquier lugar, incluso en las más modernas repúblicas democráticas, es también cierto que nunca se encontrará en ningún lugar un hombre abierto a la verdadera gnosis que esté dispuesto a aceptar los principios y las ideas sobre las que se fundan las democracias modernas.

En lo que respecta al ordenamiento tradicional del mundo, es un hecho que no habrá restauración del orden sobrenatural si primero no se lleva a cabo la restauración del orden natural y, en consecuencia, civil. Y no se trata de restaurar en absoluto formas ya *sepultadas* de antiguos regímenes[91], sino de ordenar a los hombres

---

[91]Sobre esto se funda la distinción entre tradición y tradicionalismo o contra-

según los principios naturales y al mismo tiempo sagrados. Las constituciones modernas son todas *antinaturales*, en la medida que proponen al *ciudadano*, como *individuo*, frente al *Estado* de la manera más brutal y cuantitativa. En cambio, el hombre debe regirse por principios humanos, es decir, fundados sobre relaciones entre *personas* y entre *familias*. En cuanto al *Estado* no es más que una abstracción moderna con fines materialistas y de planificación del Anticristo, mientras que la jerarquía de las personas y las familias, es decir, el *Imperium*, es el reflejo, sobre el plano civil, del arco en el cielo, del vínculo tradicional, de ese puente que ya une a la élite cualificada de Dios.

No estamos en absoluto ligados a las instituciones del Medievo como un particular período histórico, no obstante *exigimos* que la humanidad vuelva a ordenarse en el vínculo de la palabra de honor, en el vínculo del pacto y del contrato, así como no solo el derecho romano lo formuló en el *Corpus Juris,* sino también cualquier otro organismo civil anterior al renacimiento moderno ha confirmado siempre. Ahora bien, no es culpa nuestra si estas prerrogativas —en concreto— se encuentran, en su grado sumo, en el orden feudal y corporativo del Medievo cristiano; y no es culpa nuestra si (como sostienen autores como Ponsoye, Evola y el propio Guénon) la manifestación del Grial se sintió muy cercana alrededor del año mil, precisamente porque este ordenamiento en la unidad del *Imperium* constituía el clima más propicio para la restauración suprema.

Y la Edad Media tiene que ser para nosotros un ejemplo concreto, porque la *concreción es una virtud particular del hombre espiritual, mientras que la abstracción es propia del materialista*. Abstracto es *El capital* de Karl Marx, tremendamente abstracto es el Estado soviético... Abstracto es el mundo moderno que, mientras se precipita hacia el bienestar material, considera *muerto* lo que solo ha sido *negado*. De hecho, es particularmente *moderno* creer

---

rrevolución; estos últimos se vinculan a formas históricas más próximas en el tiempo y restringidas a un ámbito más particularista (véase, por ejemplo, las formas de realeza vinculadas al concepto de nación) (N. del E. orig.).

que nuestra era es diferente de la de la Edad Media. En realidad, toda la civilización moderna, incluso en sus aberraciones, se mueve todavía *en la* civilización medieval. Si esto no fuera así, la civilización moderna no podría ni tan siquiera existir, dado que las aberraciones, por sí mismas, no constituyen una *civilización* por falsa que esta sea. Las únicas naciones en el verdadero sentido del término, hoy existentes en Occidente, son las naciones surgidas del Tratado de Verdún, es decir, de la unidad del imperio carolingio, y otras menores formadas a partir de estas. Toda la historia política actual del mundo no es más que el enfrentamiento de dos enormes colectividades materialistas contra lo que todavía queda de válido en la civilización tradicional europea. En cuanto a las antiguas civilizaciones orientales (manteniendo, naturalmente, el valor de las *élites*) están desapareciendo con una rapidez que el mundo occidental no había conocido antes.

Por lo que respecta al orden civil, los últimos vestigios de tradición están, por tanto, en Europa, donde la Iglesia romana continúa ordenando su jerarquía en función de los cánones del feudalismo medieval y con todos los privilegios inherentes a este, aunque las *modernas fuerzas* en el seno de las jerarquías eclesiásticas querrían lo contrario. Y aquí reside precisamente la diferencia entre los términos de *Cristianismo* y *Catolicismo*. No puede haber un Cristianismo auténtico que no sea *católico*, es decir, *universal*. Y, por otra parte, no es casualidad que la religión cristiana empezara a llamarse católica, especialmente desde el imperio de Constantino en adelante (Símbolo Niceno-Constantinopolitano). Si comparamos las estructuras de las instituciones eclesiásticas de los orígenes con las de la Edad Media, salta a la vista como las primeras tienden más al democratismo que no las segundas, ¡casi romanamente y (¿por qué no?) jerárquicamente feudales! Y no podemos dejar de destacar lo peligrosa que es la tendencia que parece impulsar a las jerarquías eclesiásticas de nuestro tiempo a acercarse a la fisionomía de las estructuras de la Iglesia primitiva.

De hecho, mientras la Iglesia de los primeros siglos, aunque fuera inconscientemente, y a pesar de las persecuciones, encontraba en el Imperio romano al custodio de esa catolicidad que ya era la prerrogativa más íntima del Mensaje cristiano, y mientras a los Padres de entonces les bastaba con predicar el Evangelio y hacer apología de la Revelación para avanzar hacia la conquista de aquellas estructuras imperiales, que ya eran ordenada jerarquía de lo alto y expresión *sagrada* del poder, muy diferente es la situación actual. Hoy, dejarse llevar por las locuras democráticas significaría, casi irreparablemente, limitarse una vez más a la predicación y a la apología... pero no para conquistar las estructuras imperiales y, por tanto, universales sobre las que poder extender la *catolicidad* del Mensaje cristiano, sino para vagar indefinidamente en un desierto más árido que nunca. Un desierto casi absoluto al margen de todo valor positivo.

El mundo al que se dirigía el mensaje cristiano de los primeros siglos estaba totalmente orientado hacia lo *sagrado*, como el ciervo sediento del Salmista anhelaba la fuente, mientras el mundo al que se dirige la Iglesia es la Babilonia de la más absoluta apostasía, es la masa de los tibios que está a punto de ser vomitada de la boca de Dios. Y para nada sirven los intentos, por lo demás ridículos, de diluir el Cristianismo como el moderno democratismo social, como si quisieran hacerlo más... ¡digerible para los hombres *prácticos* de nuestro tiempo! *La Iglesia cristiana, por tanto, eminentemente católica, puede permitirse explicar su catolicidad en el mundo solo en la medida que se adhiera a la Tradición gibelina como la más auténtica expresión de romanidad*: es decir, una *romanidad* que, bien lejos de encerrarse en los límites de una pseudo-tradición *latina*, sepa avanzar, con todo el mundo germánico y céltico, en la restauración de la humanidad primordial en el nuevo Adán, ordenando a la humanidad en el Reino de Dios.

Creer que se puede sostener una Iglesia que ignore la Tradición romano-germánica precristiana y solo recuerde, exclusivamente, el Antiguo Testamento hebreo, significa ignorar deliberadamente el mismo Espíritu autor de las Escrituras; el mismo Espíritu que se movía en el mundo de los gentiles en torno a Roma, al mismo tiempo que preanunciaba la encarnación a través de los Profetas de Israel.

Solo un milagro, lo sabemos muy bien, podrá devolver la vida a la antigua jerarquía civil... Y tal vez el milagro no ocurra. Pero el milagro más grande, al que no renunciaremos, será precisamente el florecimiento que la antigua y eterna tradición civil encontrará en nosotros hasta los últimos días, más allá del fin. El milagro al que no renunciaremos será el milagro último de la encarnación, de la custodia de la tradición *también* sobre el plano civil.

La tradición esotérica no consiste en las instituciones civiles del feudalismo en absoluto, pero estas son la expresión exotérica en este mundo que es el mismo mundo, el mismo ciclo histórico, del medievo. La investidura feudal es la forma exotérica y civil que la tradición esotérica ha asumido, y allí donde la investidura es negada, es negada la tradición esotérica. Si el feudalismo fuera solo una forma *superada* y, por tanto, abandonada de la tradición esotérica como inadecuada frente a las nuevas necesidades, no se habrían producido, en la historia, los asaltos más feroces contra las instituciones feudales, ¡porque no se ataca con saña lo que realmente se ha superado! Si se tratase de formas abandonadas no se habría producido la vergüenza de la revolución francesa, ni la farsa del socialismo moderno.

La carne, dice San Pablo, es la última en morir en el hombre; y esto porque precisamente en la carne, el adversario encuentra a su mejor aliado. Y por carne se entiende lo que es material e inferior. Pues bien, cuidado, porque en lo que es inferior puede ser tentado el gnóstico. Orientado hacia la tradición esotérica, hacia la restauración de la espiritualidad, el gnóstico puede caer olvidando que nada debe cederse a la anti-tradición, ni tan siquiera en los planos más bajos del ser. La tradición civil está contenida en la tradición esotérica como el menos en el más; pero precisamente por esto, el gnóstico no llega nunca a compromisos con formas y con órdenes contrarios a los principios tradicionales. Nacidos del materialismo moderno, nunca podrá *reconocerlos* como suyos.

En cuanto a la revalorización de la aristocracia de sangre, es evidente que, aceptando la validez del mundo medieval, considerando que el mundo moderno no es un mundo nuevo que haya *reemplazado* a un mundo decaído y agotado, sino la negación demoníaca de la misma civilización en la que todavía vivimos, la aristocracia de sangre constituye siempre el *vehículo material* de la tradición sobre el plano civil. Para probarlo bastaría la constatación de cómo la gran mayoría de santos canonizados por la Iglesia del Renacimiento en adelante han salido de las más nobles familias europeas, especialmente cuando se trata de santos fundadores de órdenes, o bien líderes de movimientos espirituales. Y sobre este punto, no podemos menos que lamentar una omisión no demasiado benigna por parte de Grasso en relación a nuestro artículo «Azione aristocratica». De hecho, hemos aclarado perfectamente que no se debe buscar en la aristocracia de sangre la nueva clase dirigente como tal, sino el *germen* para una aristocracia renovada. Se trataría, en definitiva, de una selección para revalorizar los elementos todavía aptos para el poder en la investidura de otros, los nuevos, así como Alejandro se hizo investir por Darío moribundo para poder proclamarse como legítimo Emperador. No se debe ceder con demasiada facilidad en este tema, frente a las ideas modernas; lo que no tendría otro resultado que exponerse a las insidias de la revolución. Mientras la Babilonia moderna ha conseguido liquidar las castas artesanales, dado que no existen más familias que de generación en generación se dediquen al mismo oficio, y mientras el artesanado es destruido por la invasión del industrialismo, todavía existen familias aristocráticas que transmiten las virtudes militares y civiles. No basarse en tales familias para una paciente obra de restauración significa reafirmar ese individualismo moderno que es la base de toda degeneración.

En cuanto al *pobre* Federico Fellini, que Silvio Grasso parece rodear de los más tiernos y maternales cuidados, ciertamente no tiene ninguna culpa de ser un hombre *moderno* y de vivir en un mundo en el que todos los valores están invertidos, de modo que el escándalo es el pan de cada día de esas masas a las que su oficio lo vincula. Si la verdadera meditación le fuese todavía posible, él se daría cuenta de que la película *La dolce vita* es una de las muchas palabras inútiles por las que algún día deberemos rendir cuentas ante Dios; y se daría cuenta también de que su actitud frente a la aristocracia romana es del todo similar a la Cam frente a su padre ebrio y desnudo. Habría sido mejor, como hicieron Sem e Japhet, cubrir estas vergüenzas sin tan siquiera mirarlas; pero no conviene caer en el error, no en cuanto a vergüenzas de esos individuos particulares, sino como vergüenzas de esas familias y de esa casta. En cambio, ha sucedido lo contrario: los individuos —por un respeto debido a la omertá del individualismo moderno— salieron casi completamente inmunes, y la vergüenza recayó sobre la casta y las familias.

Por razones de espacio y... de volumen, no podemos responder a la última observación de Silvio Grasso sobre nuestros artículos, es decir, que para nosotros el Catolicismo tendría: «...el monopolio de la Revelación divina directa, mientras que todas las demás formas tradicionales no se fundarían más que en la intuición natural e indirecta de Dios». Esta deducción de Grasso sobre nosotros, también es muy cercana a la verdad, pero está muy lejos de ser exacta; y quien nos haya leído, más allá de los artículos aparecidos en «Il Ghibellino», en otros escritos nuestros, se habrá dado cuenta. No obstante, es cierto que la cuestión gira, en última instancia, en torno al problema de la relación entre lenguaje sagrado, lenguaje tradicional y lenguaje profano. Sobre este tema remitimos tanto a «Studi Tradizionali» como a los lectores de «Il Ghibellino» a nuestro trabajo publicado por el Centro Editoriale Torinese.

Como ya se ha dicho al principio, el símbolo del arco en el cielo es al mismo tiempo signo de unión *vertical* entre el mundo y Dios y signo de armonía *horizontal* en el orden de los complementarios; y de tal orden se reconoce el acto de unión con el Principio trascendente, así como por los frutos se reconoce al árbol. Declarar abiertamente que el Sacro Imperio Romano ha sido solo rechazado y no superado, ni tan siquiera vencido, declarar que los modernos ordenamientos civiles no han salido sino de la rebelión de lo bajo, es a menudo duro y difícil; pero también es, precisamente por esto, la *prueba* de la cualificación. No basta con tener sangre azul o simpatizar con el feudalismo medieval para ordenarse en la restauración tradicional[92]; pero, por otro lado, basta con posicionarse contra el principio de la aristocracia, sea ella de sangre o puramente espiritual, basta con la indecisión en la oposición a todo lo que niega los principios del feudalismo; basta, en definitiva, con vacilar frente a la *verdad*, para alejarse del centro tradicional... Los principios en los que se fundaba el mundo civil del Medievo son negados por las instituciones modernas; de modo que nuestras instituciones *todavía válidas* son las del Medievo cristiano; y no solo instituciones de un particular momento histórico, sino *también* eternas, precisamente porque están fundadas realmente en el hombre.

Y con esto no queremos decir en absoluto que la «Rivista di Studi Tradizionali» deba seguir a «Il Ghibellino» en las investigaciones que le son propias, solo queremos invitar a Silvio Grasso y a sus colaboradores a reconocerse complementarios a nosotros en la obra de la restauración tradicional, porque tal complementariedad, como ya hemos dicho, es el sentido más amplio, aunque no el más elevado, del arco en el cielo.

---

[92]Una vez más, Mordini subraya el significado de «nobleza de sangre» y su papel en el proceso de restauración, de lo que ya se habló en *Azione aristocratica*: no se trata de una mera exaltación de familias de antigua nobleza o de una admiración servil hacia ellas, ya sean Habsburgo, Saboya o Borbón, porque esto comportaría una autocastración en posiciones conservadoras, pero tampoco una ciega preclusión frente al poder aún latente en su «sangre» (N. del E. orig.).

VIII
Sentido de Roma

- Pagine Libere, n. 12, 1956.

EN TODA CIVILIZACIÓN PRECRISTIANA está claramente definida la distinción de castas entre el hombre de la tierra y el hombre de las armas, entre el trabajador y el caballero; el primero era considerado esclavo, no tanto por el hecho de estar sujeto a otros, como por su sometimiento al cuerpo y a los bienes materiales, de los cuales la tierra era símbolo[93]. En cambio, el héroe era el que había superado la prueba demostrando, con su valentía, haberse desvinculado del apego hacia estos bienes; y por ello era saludado como *hombre libre*. Tal era el significado de la caballería en todas partes, entre los Celtas, los Germanos, los Dorios, los Arios de la India y los Egipcios[94].

El ciudadano que es a la vez trabajador, hombre de armas y hombre político sólo lo encontramos en Grecia, pero de una forma ocasional y empírica, y, por tanto, del todo profana.

---

[93] Cfr. respecto a la relación entre libertad interior y exterior lo que escribe Mordini en *El templo del Cristianismo: Para una retórica de la historia*, cit. pág. 57 (N. del E. orig.).

[94] Para los Egipcios se trata también de guerreros montados en carros de guerra. Sobre el honor asociado a montar carros, compárese con el conocido episodio de José y el Faraón: «Lo hizo subir a su segundo carro» (*Gen* XLI 43), signo de altísima distinción (N. del E. orig.).

Sentido de Roma

De modo que la civilización de Roma fue la primera en unir sacralmente, desde los orígenes, al combatiente y al trabajador en el ciudadano. Ya en el surco de Rómulo el presagio de Cincinato y de innumerables otros que alternaron el arado con la espada y la tierra con la cosa pública. El veintiuno de Abril el sol hace su ingreso en la constelación de Tauro, y el mito de Roma nos recuerda como el arado de Rómulo fue tirado por dos bueyes y no por otros animales. Simbólicamente, el Toro se relaciona con el elemento tierra, y hacia la tierra nos aparece orientada la civilización del pueblo romano, totalmente dedicado al trabajo y a la conquista.

¿Materialismo? No ciertamente; de hecho, no puede considerarse materialista a un pueblo que mantiene siempre en alto el sentido del honor, del derecho y, especialmente, el sentido ritual de lo sagrado. Acto sagrado fue para Rómulo la fundación de Roma y acto sagrado fue siempre la fundación de cualquier otra ciudad por parte de los romanos; y esto queda probado también en la repetición constante de la disposición del *cardo,* del *decumanus* y, por tanto, de las cuatro puertas para cada ciudad romana. Por otra parte, el hecho de que los Quirites canalizaran toda su energía en realizaciones de carácter práctico y toda actitud del espíritu hacia la tierra y la fuerza («fuerza», por lo demás, es uno de los significados del nombre «Roma») haría pensar, a primera vista, en una verdadera y justa caída de lo espiritual; pero no es así. Tal vez, esa fue la opinión de Remo; quien, al saltar al foso, mostró desprecio hacia una fundación que debía parecerle plebeya y, en consecuencia, profana. Pero la respuesta de Rómulo fue, como es sabido, decisiva y fulminante. En realidad, los romanos estaban orientados en su totalidad hacia la tierra, como también lo hará el Verbo de Dios, que de la tierra estaba por tomar el cuerpo y la sangre. Si, por lo tanto, Roma se lanza a la conquista de la tierra, lo hará, también, porque en Cristo la Iglesia será su heredera[95].

---

[95] Sobre la relación entre Roma y el Cristianismo remitimos, para el aspecto metahistórico y esotérico, a la citada obra de De Giorgio *La Tradizione Romana.* Desde el punto de vista histórico véase *Excalibur* n. 3-1979 di P. Galiano, *La teologia dell'Impero* (N. del E. orig.).

Mientras los Griegos percibían los mitos como dramas simbólicos, los Romanos prácticamente se aferraban a la palabra obligando al mito a hacerse historia y a la palabra a hacerse carne[96]. Para el romano, el Júpiter que desciende sobre la tierra no es solo un hecho metafísico y espiritual, el padre de los Dioses no desciende solo con la gracia entre los hombres, sino con pies tangibles que dejan huellas en el suelo. Bajo este aspecto se puede decir que el pensamiento griego y la misma tradición hebrea, no habrían sido suficientes para preparar a la humanidad para el momento histórico de la Encarnación, sin esta materialidad romana, sagrada y providencial.

Los mártires cristianos reprochaban a sus jueces los adulterios de los Dioses olímpicos; pero la interpretación literal del mito era propia del pueblo romano. Tanto en los mártires como en los perseguidores está viva la exigencia de un Dios encarnado, del mito que se realiza en los hechos del mundo llamando a los hombres a la historia sagrada. Si la palabra está en el sentido espiritual así como el cuerpo está en el alma, para que la obra fuese completa Dios debía descender y pronunciarla con labios humanos y cumplir sobre la tierra aquellos actos que en el mito solo eran medida de verdad interior. Es así que para redimir la carne, y para renovar la Ley, Jesús fue circuncidado y censado. El Dios, víctima de salvación, que había hecho hablar a los mitos, viene a hacerse censar por Roma; delante de un Prefecto romano proclama su realeza, y el mismo Pilatos es el primero en escribir la palabra Rey junto al nombre de Jesús de Nazaret.

Cuando, en los primeros siglos, los cristianos de Oriente tendían más que otros a caer en el docetismo, negando la realidad física del cuerpo de Jesús, la fortaleza de la verdad residió una vez más en el realismo de la Tradición Romana; el primer teólogo occidental, Tertuliano, casi se lanzó contra el docetismo con vehemencia exclamando en el *De Carne Christi: Parce unicae spei totius orbis!* La

---

[96]No es diferente la interpretación dada por G. Dumezil en sus obras, en especial *Jupiter, Mars, Quirinus (passim)*, de los mitos más antiguos de Roma (N. del E. orig.).

materialidad de Roma, tan despreciada por los pseudoespiritualistas, y malinterpretada por los hombres prácticos de nuestro siglo, está contenida en su totalidad en esta exclamación; es esperanza de carne, evidente como un terrón que desde la Urbe se propaga al Orbe *en paz, compuesto* por la natividad de Jesús.

Como en todo rito, la materia es el *soporte* para una infusión espiritual dada, así el grandioso orden político y militar del Imperio Romano es organismo providencial para que todas las ramas de la Tradición universal se reencuentren en un solo punto de la tierra. Todas las religiones de los pueblos sometidos fueron acogidas en Roma, todas las doctrinas de pensamiento y espiritualidad estaban presentes, cuando Pedro y Pablo llegaron a la Urbe para reunir a los primeros cristianos en las catacumbas[97]. Si la arquitectura de los edificios sagrados habla siempre el lenguaje simbólico de verdades elevadas, igualmente puede decirse de aquellos refugios, aunque sean ocasionales, preparados para los primeros ritos cristianos. Las catacumbas son el Sepulcro donde el Cuerpo Místico de Cristo, la Iglesia, espera el resurgimiento del esplendor bizantino, con las grandes cúpulas doradas, en la gloria del culto oficial. Y, como del Sepulcro de Cristo descendió a los infiernos para liberar a los Patriarcas que lo habían esperado, así la Iglesia de las catacumbas entra en contacto con cada Tradición precristiana para permitir que cada rayo de la verdad se reconozca en Cristo; y esta obra de amor y de dolor, de caridad y de sangre, fue completada por Roma, que ya era universal, y por tanto católica, antes incluso de ser cristiana.

Cuando el Evangelio fue predicado en otras regiones de Europa, esas mismas poblaciones que no habían reconocido la soberanía de Roma, rechazaron también el bautismo de Cristo Jesús; y el apóstol tuvo que sacudirse de sus sandalias, la tierra que el legionario no había conquistado. En los designios de Dios, conquistador y

---

[97]Cfr. G. Kremmerz, *La scienza dei Magi*, voi. II pag. 309: «La asamblea babilónica (de los dioses introducidos en Roma) tuvo necesidad un día de llamar dentro de las murallas a un Pablo o un Pedro que impusiera la unidad de la lengua en el pandemónium de las diferentes lenguas divinas» (N. del E. orig.).

misionero, soldado y monje, parecían unidos indisolublemente en la misma obra de civilización. Y, de hecho, siete siglos después de que la conquista carolingia hubiera impuesto el Evangelio en el resto del territorio europeo, en el auge de la Reforma, justo los pueblos que no habían sido sometidos con anterioridad por las legiones romanas, y solo ellos, abrazaron el protestantismo como religión de Estado.

El Imperio de Oriente, que había dado la primera legislación civil completa al mundo cristiano, no supo nunca darle un rostro bien definido capaz de ordenar el Orbe terrestre al Orbe celeste.

Por encima del vago Imperio Bizantino, ya decadente, y del crudo reino longobardo, será Carlomagno, quien sólo redescubrirá en Roma la verdadera Tradición civil cristiana; y solo el Imperio de Occidente tendrá también la fuerza de asimilar el mismo pensamiento griego merced a la elaboración y la síntesis completada por la filosofía escolástica.

En el último mensaje pascual de Pio XII es extremadamente evidente la preocupación del Santo Padre por la idea del *falso progreso*[98] que cada vez amenaza más al mundo cristiano. La palabra del Papa no debería dejar ninguna duda respecto a aquellas corrientes *cristianas* que se obstinan en confundir la universalidad con el colectivismo internacional, y la libertad con el democratismo, confusión de lenguaje posible solo para quien no considera, a fondo, el cristianismo como encarnación del Verbo de Dios, *también en la palabra humana.*

Hoy el materialismo que se extiende por todas partes, en el occidente *libre* no menos que en oriente soviético, denuncia precisamente la carencia de esa materialidad sagrada romana sin la cual, por otra parte, todo verdadero espiritualismo es negado y toda religiosidad queda reducida a evasión psíquica, actitud sentimental de quien, angustiado, huye de la realidad.

---

[98]Es interesante destacar cómo la opinión de la Iglesia sobre el tema del progreso como amenaza no ha cambiado: cfr. *Redemptor hominis*, III, 15 e 16. Mordini ha tratado el tema de modo elocuente en *Tradizione e Rivelazione* (véase nota 95 en p. 132) (N. del E. orig.).

Aquellos católicos que —ya sean ellos laicos o eclesiásticos— se inclinan hacia las aperturas hacia la izquierda en vistas de un Estado meramente económico y se presentan desprejuiciadamente como *socialistas cristianos*, son los mismos que suelen torcer el gesto frente al *paganismo* y al *realismo romano*; y esto es un clarísimo síntoma de verdadero materialismo, aunque sea inconsciente, que tiende a desconsagrar todo poder civil.

Si es cierto y seguro que la construcción laica del «Estado ético» es una aberración pagana, es igualmente cierto que no puede darse un Estado realmente civil sin investidura divina, y el replegarse sobre el Estado económico puede considerarse, con razón, la completa rendición de la civilización cristiana al comunismo y al materialismo.

No es, de hecho, la fuerza del oriente soviético la que nos alarma, no son sus mitos, ayer por el *líder*, hoy por la *gang*, sino la profanación de los ideales más santos y de todo valor de orden trascendente. Precisamente esta desacralización de la jerarquía, y por tanto del Estado y de la Sociedad, que los cristianos neo-modernistas ya han aceptado insensatamente, constituye el infierno en la tierra para el hombre religioso y civil.

Estos cristianos, promotores, entre otras cosas, de la colectiva no-violencia incondicionada, y de la paz por el miedo, que con demasiada ligereza suelen equiparar la figura de Rómulo a la de Caín, que fundó una ciudad después de haber asesinado a su hermano; pero los holocaustos de Caín nunca fueron aceptados por el Señor, mientras que la ofrenda laboriosa de aquel surco cuadrado sigue estando todavía en el altar católico bendecido por Dios.

IX
El coro del Mediterráneo

— L'Ultima, nr. 89-90.

«Es Él quien os ha hecho sucesores en la tierra.»
— Corán, XXXV 39.

El coro de la sangre

SI LA MONTAÑA ES EL SÍMBOLO del pleno contacto con Dios, el lugar del solitario que todo ha abandonado por Él, el mar y las aguas pueden ser instrumento y símbolo de muerte, pero también, y más aún, de fecundidad y regeneración. Sobre las aguas se cierne el Espíritu de Dios en la creación del mundo, y de las aguas emerge la nueva tierra para una nueva humanidad después del diluvio universal. Si el solitario asciende a la montaña para dialogar con Dios, sus gracias desde el Eterno se derraman copiosamente como arroyos por el mundo de los hombres, que en el mar y por el mar crean, aman y viven. Y el séptimo día del descanso de Dios, que para el solitario es el momento de gozo eterno, es en la tierra una mirada fecunda a la obra del hombre. Y es sobre las orillas del mar —mar entre las tierras, que a estas ofrece vida y camino, Mediterráneo— que las mayores civilizaciones arraigan, florecen y se abren a la universalidad, para que finalmente haya un solo rebaño bajo un solo Pastor.

Los pueblos y las civilizaciones que se ordenan en el coro del Mediterráneo son pueblos rubios descendidos del Norte siguiendo el vuelo de las águilas, pueblos morenos venidos de Asia, casi siguiendo el Sol en su travesía alrededor de la Tierra, pueblos misteriosos como el Egipcio, quizás salvados de las aguas cuando la Atlántida quedó sumergida. Todos se constituyen en clan, todos fundan sus tradiciones en la valentía y la virilidad de los mejores, todos son portadores de una chispa de Sabiduría sagrada, de una Ley que el colegio sacerdotal custodia y el caballero dona al mundo con su heroísmo. En la mayor parte de los casos el soberano es sacerdote supremo y mediador entre Dios y los hombres de su pueblo, casi un *tipo* viviente del Cristo que reinará sobre el mundo con vara de hierro.

Han pasado siglos y siglos desde la aparición del hombre en la tierra, de la expulsión del Edén después de la primera culpa; todas las orillas del Mediterráneo están ya habitadas por pueblos civilizados. La línea geográfica de la vid y el olivo ya marca en torno a este mar «...que la tierra enguirnalda» el teatro del gran Misterio: la vid, plantada por Noé después de haber sellado la alianza con Dios de las aguas y la sangre destinada a redimir el mundo: el olivo, cuyo bálsamo ungirá a los reyes y sacerdotes del nuevo rito. Ya está todo listo, y desde Ur, ciudad de Caldea, Abraham está llamado a heredar la tierra. Se dirige hacia el Oeste, descendiendo en Canaán, después de una larga y agotadora noche de guerra para liberar a su sobrino Lot, caído prisionero, cansado pero victorioso, se encuentra con Melquisedec[99] y recibe la investidura del Pan y

---

[99] Como ya hemos señalado, Mordini vuelve más veces sobre el símbolo de Melquisedec en sus ensayos, descubriendo cada vez nuevos significados en este misterioso personaje que constituye el vínculo entre la Tradición primordial adamítica (o hiperbórea, si se prefiere) y la Tradición hebrea, antes de que esta se reconecte, por medio de Moisés, a la Tradición del Templo egipcio (N. del E. orig.).

del Vino: casi como si fuera *armado* caballero del Nuevo Pacto, ya que de Cristo se dirá que es sacerdote según Melquisedec. Recibe el saludo de paz; al vino, signo totalmente mediterráneo de la sangre viva, se añade el pan de trigo; y el trigo, al menos en origen, es una planta típicamente palestina, así como totalmente hebrea será la carne que María dará a Jesús después del saludo del Ángel.

Ya este primer hecho de armas del patriarca Abraham encuentra en Melquisedec su verdadero y profundo sentido. Melquisedec es rey y sacerdote de Salem, es decir, de Jerusalén, del monte Sión; ha descendido hasta Abraham y le ha transmitido la Tradición del *Dios altísimo* de quien es sacerdote, una Tradición que tiene las prerrogativas del Pan y del Vino, es decir, de la Encarnación, Pasión y Muerte de nuestro Señor Jesucristo. De Abraham, como todos saben, se derivan dos civilizaciones; la judía y la árabe; de hecho, doce tribus partirán de Ismael, hijo de Abraham y de la esclava Agar. Israel ya es el pueblo de la encarnación, debe testimoniar el monoteísmo del mundo, debe recordar a las naciones cómo todas están llamadas al gran designio de Dios. Aparentemente, parecería lo contrario, porque los Judíos se manifiestan en todas partes con el nacionalismo más rígido, pero en esta firme voluntad de no confundirse con los demás pueblos, pasando alternativamente de huéspedes a prisioneros, vencedores o vencidos, esclavos o señores entre las naciones, está precisamente el sentido de la verdadera unidad universal que deberá afirmarse en torno al Mediterráneo; y, de hecho, a este coro, cada nación deberá mantener viva y fresca su propia voz.

Pacífica, en el sentido común de la palabra, puede considerarse la vida llevada por Jacob y sus hijos en la Tierra prometida. Excepción hecha para el episodio de Dina con los Siquemitas, ningún hecho de sangre parece perturbar el transcurso de los días, pero también parece que la tradición hebrea está languideciendo; y es quizás por esto que Dios, por medio de José, llama a Egipto a la estirpe de Abraham.

La presa de la sabiduría

En Egipto, si por un lado el testimonio de Israel se afirma sobre nuevas orillas mediterráneas, también es cierto que la tradición judía se revigoriza en las fuentes de la sabiduría de los Faraones. Es en contacto con el mundo egipcio que el pueblo judío alcanza la institución de una casta sacerdotal. Antes de ese momento, sacerdote en Israel era cada jefe de familia, y la familia natural se identificaba con el clan y con la nación. Así, Lot no era ya connacional de Abraham, y mucho menos de Isaac o de Jacob, y los hijos de Esaú no eran ya connacionales de su hermano. Para Israel podía haber una amistad con los pueblos vecinos sobre la base de la tolerancia recíproca, pero no podía haber una verdadera guerra e igualmente tampoco una verdadera paz. La nación de Israel surge en contacto con el pueblo egipcio; como es sabido, en la corte del Faraón es educado Moisés; y el gran Patriarca, después de haber asesinado a un capataz egipcio para defender a un hermano judío, se retira junto a Jetró, se casa con su hija, y conduce al pasto su rebaño. Y es a Moisés, pastor de Jetró, a quien Dios se revela desde la zarza ardiente.

Según San Agustín, las joyas y el oro con los que los Hebreos despojaron a los Egipcios en el momento del éxodo son símbolo de los tesoros de la sabiduría de los Faraones; y es precisamente con esos tesoros y ese oro con los que se adorna el Tabernáculo, el primer santuario móvil del pueblo elegido a través del desierto. Y es para defender este oro y esas gemas, dispuestas para la gloria del Arca y de las Tablas de piedra, que los hebreos más válidos combaten y vencen a los Madianitas llevando el tesoro a Canaán y, más tarde, más allá del Jordán.

Daniel profetiza cuatro imperios: el Babilonio, el Medo, el Alejandrino y el Romano. Todos ellos extraen, más o menos directamente su *riqueza*, es decir, su sabiduría, del tesoro del Templo de Jerusalén. Con el advenimiento de Cristo, Vespasiano saqueará por última vez la Ciudad santa mientras la Iglesia católica establecerá en Roma su centro.

La historia de Roma, por otra parte, se perfila como un continuo e incesante contacto con todos los pueblos mediterráneos; no existe religión o tradición sagrada que Roma no toque y no haga suya. Si para Israel las gemas de Egipto eran símbolo de sabiduría y patrimonio tradicional a defender, para Roma la codicia por las cosas sagradas, ciertamente, no fue inferior a la codicia que tuvo por el oro y las riquezas. Casi fatalmente, es precisamente Tácito, el historiador del primer Cristianismo y de los primeros mártires, quien más que ningún otro subraya, también con amargura, la codicia de los soldados y cónsules de Roma.

Ya los druidas de los Celtas se asomaban al Mediterráneo desde las costas de la Península Ibérica, y desde hacía siglos pueblos arios se aventuraron hasta los mares de la Hélade, cuando pueblos semitas comenzaron a organizarse sobre las costas septentrionales de África. Como, más tarde, los Árabes de Mahoma, fueron entonces los Fenicios de Dido quienes circundaron el bajo Mediterráneo; y por ellos se funda Cartago. En cuanto a la misteriosa isla de Creta, cuña de los Kaphtorim, es decir, de los Filisteos que poblarán Palestina (cfr. *Philistim*), es el punto de encuentro y de paso de toda civilización mediterránea; y quizás el Zeus ctónico del monte Ida no es extraño al Baal de los semitas y al dios Narnia de Gaza, así como la gran madre Hera no parece estar desvinculada de la diosa Astarté.

Según el sagrado poema de Virgilio, es en Creta donde Eneas, en un primer momento, cree que debe detenerse con su gente, y es siempre desde Creta que Italia le es señalada como sede definitiva de su pueblo. E Italia, por los mismos penates de Eneas, es llamada Enotria, tierra del vino por excelencia, justo en el centro de la línea periférica de la vid que rodea por todas partes del Mediterráneo. Si Eneas existió o no históricamente no nos interesa particularmente; Eneas es el símbolo vivo del germen de Roma, germen que, escapado de Troya, se nutre del reino de Minos en la sagrada sabiduría del derecho para después detenerse en el nuevo reino de la semita Dido. Ningún vínculo de sangre legará la reina cartaginesa al rey troyano, pero Julo, el joven hijo de Eneas, ama abandonarse a las caricias de

Dido como al afecto de una querida madrastra. Desembarcado en Italia, Eneas funde su sangre con la sangre latina, y de la sagrada ciudad de Alba (es decir, *blanca*), nacerá el fundador de Roma, la Ciudad a cuyo imperio universal se unirán todos los pueblos, como cada color está unido a los otros seis en el blanco rayo del Sol.

Con Rómulo es el rito etrusco del surco el que marca los límites de la nueva ciudad inmediatamente cruzada por el *Cardo* y el *Decumanus*; y he aquí que el esfuerzo de Roma comienza a mover el mundo, así como el esfuerzo de Hércules, según la Tradición, erigió las murallas troyanas, los muros de la antigua Ilión, patria de Eneas. Son los Galos quienes invaden Roma para ser luego derrotados por ella, son los soldados de Pirro quienes también descargan en vano sobre Roma la ira de Aquiles. Son especialmente los cartagineses quienes rodean el Mediterráneo desde la Península Ibérica tomando a los romanos por la espalda para derrotarlos en Cannas; y precisamente a partir de la victoria sobre Cartago, el Imperio de Roma empieza a perfilarse, ordenando poco a poco reinos y naciones.

El Mediterráneo de San Francisco

Apenas se afirmó el Cristianismo en Roma, un ímpetu nuevo parece conmover a los pueblos del este y del norte; naciones enteras se lanzan sobre el Mediterráneo sedientas de riquezas y conquista, de mar y de cielo; y tras aquella sed está todavía la respuesta a la sed de Cristo, que lleva a estirpes enteras la riqueza del espíritu, a las nuevas tierras y a los nuevos ciclos de la vida eterna, al gran mar de la segunda creación del mundo.

Todavía los pueblos semitas, 700 años después de Cristo, se lanzan hacia las costas septentrionales de África. Vivificados por el Dios de Abraham, los caballeros del Profeta llevan la guerra santa por Egipto y Libia hasta Marruecos; y, como ya hicieron las tropas de Amílcar y Aníbal, remontan la Península Ibérica. El pueblo judío comienza a simbolizar inconscientemente a Jesús crucificado. También el pueblo de Israel, de hecho, es despojado, y se extiende de norte a sur, abriendo de oriente a occidente los brazos extendidos sobre la cruz del mundo. También el pueblo de Israel, como el Hijo del hombre, no tiene donde reposar la cabeza. Solo en Jerusalén deberá encontrar su resurrección en la piedra del Santo Sepulcro, cuando se convierta antes del fin de los tiempos.

Tiziano, en su discurso a los Griegos, reivindica para la tradición de Moisés la sabiduría de este pueblo. Los modernos no sabrán tener en cuenta lo suficiente tal afirmación; y sin embargo Platón, en el «Timeo», muestra cómo la sabiduría de los Griegos ha derivado del depósito tradicional de aquellos Egipcios, frente a los cuales los propios Griegos eran considerados casi niños. Según Jámblico, los mismos Egipcios habrían iniciado a Pitágoras... y precisamente desde Egipto, Yahvé llamó a su hijo, llamó al pueblo de Israel como el mismo Jesús.

Y así es que en la Patrística cristiana la doctrina de Pitágoras y de Platón reencuentra, en contacto con la Revelación de Cristo, el verdadero sentido de los orígenes y del fin último, del alfa y del omega, del Horeb y del Gólgota. La Cábala judía, entonces, como la conocemos desde el *Zohar* y el *Sepher Yetzirah*, no es, ciertamente, una adaptación de la filosofía de Platón a la mentalidad del pueblo judío, como se suele afirmar en los textos modernos de la historia de la filosofía medieval, sino más bien una codificación de la propia tradición gnóstico-mosaica que, en contacto con el pensamiento platónico-pitagórico, encuentra los medios expresivos más adaptados (o, mejor dicho, menos inadecuados) para la propia conservación escrita a través de la diáspora. Es así que, en torno a los Padres de la Iglesia cristiana, a los Ga'on de la mejor aristocracia de la sabiduría hebraica, y en torno a los Ulemas musulmanes, florece la civilización mediterránea.

En la Edad Media las cruzadas comprometen la guerra santa cristiano-musulmana en Oriente Medio; después la *Reconquista* de España lleva la guerra santa al Mediterráneo occidental. Mientras los árabes están todavía asentados en la Península Ibérica, los cruzados conquistan Jerusalén; y al final del Medievo, cuando la *Reconquista* de España está a punto de expulsar a todos los árabes de esta región, Mahoma II conquista Constantinopla, y el imperio cristiano de oriente colapsa para siempre. Es precisamente durante esta sangrienta oscilación en el Mediterráneo, en unas ocasiones en oriente, en otras en occidente, como una inmensa balanza centrada en Roma, que la civilización medieval vuelve una vez más sobre los antiguos tesoros de la Sabiduría común. La caballería árabe y cristiana, sufismo musulmán y monacato nutren estos siglos de heroísmo y doctrina, y no habrá ya ninguna civilización a orillas del Mediterráneo ni en el mundo entero que antes o después, no deba recurrir, más o menos conscientemente, a los motivos de la propia historia o al menos a sus momentos más significativos.

Precisamente entre la primera cruzada y la *Reconquista* de España aparece la figura de San Francisco, y todo el movimiento de los menores parece erigirse para la conquista del Medievo cristiano, musulman y judío para entregar a los duros tiempos modernos[100] los tesoros de los Egipcios, del Templo de la Kaaba ordenados a la Tradición romana y católica[101]. Apenas se había producido el ascenso al cielo de San Francisco de Asís, pareció por un momento que el mismo Mediterráneo estaba recuperando su orden y equilibrio. He aquí, de hecho, que Federico II, asistido por el consejo de Fray Elías, sucesor del Santo, forjando amistad con Malek al-Kāmil, el Soldado de Egipto que recibió de San Francisco la visita y el amoroso saludo de Paz y de Bien. Lo que siguió fue una cruzada realmente franciscana, para que en la paz más completa los cristianos entraran en Jerusalén acogidos amigablemente por los caballeros del Islam. San Luis IX, terciario franciscano, se unía entre tanto a su Emperador, y con él estaba toda la Francia que no conocía todavía el exacerbado nacionalismo de Felipe el Hermoso, de Luis XI, de Carlos VIII y de Francisco I. Inspiradora de Federico, Santa Isabel de Hungría no aceptó su oferta de matrimonio; y tras su muerte, él asistió a sus funerales ciñendo la corona imperial, y

---

[100]Una antigua tradición oral sostiene que el Arca de la Alianza, llevada por Vespasiano a Roma, fue custodiada posteriormente en la basílica de San Juan de Letrán, en Roma, donde aún se encontraría (N. del E. orig.).

[101]En relación con este aspecto del Franciscanismo véanse los primeros dos capítulos de nuestro trabajo «Tornare ad Ascesi» en el nº. 80 de «L'Ultima».

vistiendo el sayo. Solo después de la muerte de Federico II (1250) la historia retomó su curso más doloroso, con la llegada a Italia de los Anjou, y posteriormente, con el cautiverio de los Papas en Aviñón.

Los tres brotes de sabiduría y vida

Del recíproco reavivarse de los tres componentes esenciales de la Tradición mediterránea, es decir, del pensamiento griego, del pensamiento hebreo y del pensamiento musulmán en torno al Cristianismo de Roma, toma vida este profundo y divino sentido del hombre que, erigiéndose en Alighieri hasta las cumbres más elevadas del mundo occidental, nutrirá todo el humanismo futuro en sus aspectos más positivos. Pensadores como el hebreo Maimónides y el árabe Al-Rāzī, eran al mismo tiempo hombres de la ley, médicos y filósofos. Hombre de medicina en modo eminente era el árabe, hombre de la ley el sabio hebreo, hombre de filosofía el greco-latino-germánico; y cada uno de estos tres tipos participaba de los otros dos, logrando, en la metafísica, la plenitud del saber[102].

Esta consciente copresencia de la medicina, de la ley y de la filosofía es la mejor garantía contra cualquier desviación, ya sea en un sentido idealista o técnico-científico, o bien en un sentido moralista o político.

Tanto la unidad y la vitalidad del imperio musulman decaen al disolverse las relaciones entre estos tres grandes componentes

---

[102]En cuanto a la integración de la tradición clásica grecorromana en la universalidad del Catolicismo, basta señalar como la mayor parte de los santuarios precristianos fueron transformados en su momento en santuarios católicos; piénsese, por ejemplo, en el santuario de Apolo en el monte Subiaco, elegido por San Benito como sede para sus monjes. Y los mismos benedictinos no se limitaban a ocupar lugares que ya habían sido santos para los griegos y los romanos, sino que también recogían y transmitían los textos clásicos de la era precristiana: y como el pensamiento de la Patrística se dedicó, por así decirlo, a *redimir* (es decir, «recomprar» – N. del E. orig.) la tradición pitagórico-platónica, la Escolástica abordó el problema de la *redención* y de la integración del aristotelismo en la tradición católica.

del pensamiento mediterráneo. En la época de Federico II, tanto la unión de las tres culturas, como las respectivas unidades de los dos imperios habían alcanzado su punto culminante. Con el Renacimiento el Sacro Imperio Romano empezó a vacilar con el auge del nacionalismo francés y, por tanto, con los demás nacionalismos europeos; mientras en el mundo musulman se desmoronó el antiguo Califato jerárquico, sin ser reemplazado válidamente por el absolutismo centralizador del imperio turco. Precisamente aquí deben buscarse las verdaderas causas de la disgregación de la unidad musulmana, como, por lo demás, por la ignorancia que se apoderó de los pueblos árabes, especialmente respecto al pensamiento griego y hebreo.

En cuanto al mundo cristiano, la civilización occidental, al desconocer cada vez más la tradición bíblica como vitalidad íntima de todo el pensamiento europeo, se precipita hacia la adoración de la ciencia y de la técnica hasta presentarnos al ciudadano moderno como un hombre esencialmente económico.

Problemas vivos en nuestro mar

Y he aquí, una vez más, en pleno siglo XX, que el mundo musulmán vuelve a plantearse el problema de su unidad y de su prestigio sobre estas orillas septentrionales de África que constituyen su espacio vital en el coro de la civilización universal. Una vez más, los pueblos cristianos de Europa intentan unirse fraternalmente para solucionar los problemas más urgentes. Una vez más Israel mira hacia su hogar recuperado en la Tierra prometida.

Pero el materialismo se revela como la arena sobre la cual nada puede construirse válidamente. Y mientras el materialismo socialista se extiende desde el este de Europa hasta Corea amenazando a la antigua India en su primer despertar en el mundo moderno, y el materialismo individualista reina de modo casi incontestable en las Américas, los pueblos en torno al Mediterráneo constituyen, más que cualquier otra época del pasado, la clave de la civilización universal. Solo la unidad y la concordia en el Mediterráneo, y, casi en las antípodas, la constante vigilancia del Imperio del Tennō, la dinastía más antigua del mundo, podrán tender hacia la Gracia de Dios la buena voluntad de los hombres por una paz verdaderamente civil. Si los dos ciclópeos materialismos debieran permanecer en inmediato contacto a lo largo de toda la longitud de la tierra, el choque sería fatal, y Gog y Magog arrastrarían al mundo en la destrucción más absoluta.

En el Mediterráneo, la balanza entre Levante y Poniente marca todavía la línea de su equilibrio. Y la urgencia más viva es la de una verdadera armonía tradicional basada en valores espirituales y trascendentes. Cualquier acción política es acción práctica, y como tal, no puede encontrar en sí misma el significado de su propio éxito; peor todavía, la misma acción se disipa cuando se basa en motivos meramente económicos. Si el motivo de equilibrio puede extraerse de la contienda de Oriente Medio como una guerra económica, corre el riesgo de comenzar como un drama grotesco, prolongarse en la criminalidad más estúpida y concluir después en un trágico epílogo. Pueblos prácticamente ateos serían en tal caso condenados, bajo el espejo de nuevas riquezas, a continuar aquellas cruzadas cuyo significado han perdido casi por completo; y he aquí cuál podría ser el el resultado de la tan alabada tolerancia moderna hecha más de indiferencia hacia los valores espirituales en lugar de verdadera caridad y amor. Esta terminaría llevando a los ejércitos a combatir nuevamente en Palestina: ya no por el Santo Sepulcro, sino por los pozos de petróleo.

De hecho, en el mismo acto en el cual la unidad de los países árabes se presenta en el escenario de la historia, desafortunadamente, vemos reflejarse en ellos los errores más despreciables de la Europa moderna; nacionalismo extremo, carrera precipitada y desordenada hacia el progreso técnico, desvalorización de la verdadera cultura respecto a los valores de utilidad práctica. Del mismo modo, en el nuevo Estado de Israel, un socialismo agnóstico parece haber tomado el lugar de la antigua Torah.

Es evidente que, al contrario que la civilización cristiana, la musulmana y hebrea sólo podrán encontrar su sentido y conciencia en un encuentro recíproco en el signo de sus valores supremos. Son civilizaciones salidas del mismo esfuerzo, a lo largo de la línea de la vid, sobre el litoral mediterráneo; son tres ramas de un único tronco para la redención del mundo; y para que, en la economía de la Gracia, el mundo pueda salvarse, es necesario que los tesoros de la Sabiduría vuelvan a fluir en amorosa armonía, y cada pueblo se reconozca en sí mismo, en su propio orden y en su propia vocación. No se trata tanto de evitar conflictos, como de crear formas de vida verdaderamente civiles, inspiradas en el sentido del Hombre universal y en la ley de Dios. Los compromisos, o lo que es peor, las concesiones recíprocas más o menos supinas, están vacías de caridad y, por tanto, privadas de todo contenido espiritual. Callar para no comprometer una falsa armonía no aporta ningún beneficio al coro; y el coro del Mediterráneo debe alternar sus voces entonadas con la melodía de la Sabiduría para que la Belleza sagrada vuelva a nacer de la espuma de nuestro mar.

El Oriente de Ascesis: la Metapolítica de Francisco

— Postfacio —

Por Aldo La Fata

El sentido de un retorno a Oriente

EN EL CORAZÓN DE LA OBRA DE ATTILIO MORDINI —tanto en sus escritos históricos como en los místicos y teológicos— se manifiesta un hilo de oro que une la idea cristiana de la *ascesis* con la noción tradicional de *Oriente*. No se trata, obviamente, de una simple referencia geográfica o cultural, sino de un símbolo universal: el Oriente como lugar de origen y del renacimiento, del Sol espiritual que resurge, del *principium* del que toda civilización extrae su luz. Volver a la Ascesis, para Mordini, significa retornar a este Oriente interior del que Occidente, en su proceso secular de racionalización y desencanto, se ha alejado fatalmente. Y en el texto, aquí reeditado por primera vez en castellano, esta correspondencia se hace explícita.

Para Mordini, *Oriente* es la patria del espíritu, y Ascesis-Asís[a]

---

[a]En el canto XI del *Paraíso*, Dante describe a Umbría como el lugar «de ascesis» donde «nació al mundo un sol», refiriéndose a San Francisco de Asís. El término «Ascesis» en este contexto no debe confundirse con la idea de «ascenso» espiritual o el acto de subir, sino que es un nombre propio que identifica la ciudad umbra, como indica el propio Dante. La metáfora del sol destaca la

—la ciudad de Francisco— se convierte en la Jerusalén *umbría*[b], el punto en el que el misterio cristiano reúne en sí las herencias de Israel, la Grecia clásica y la Roma antigua. Mordini ve en Francisco de Asís no un santo de la dulzura o de la mera pobreza, sino el *soldado de la Paz*, aquel que lleva a cabo en la historia el paso de la *guerra santa* a la *guerra interior*, es decir, la superación de todo dualismo político en una perspectiva metapolítica.

Como escribía Silvano Panunzio (1918-2010), la verdadera historia no es la crónica de los hechos, sino «el reflejo temporal de un drama celeste[c]». Y es precisamente en este plano donde Mordini lee a Francisco: no como un personaje histórico aislado, sino como un *signo escatológico* de la cristiandad, figura de unión entre la Edad de la Caballería y la del Espíritu.

Volver a la Ascesis no como mera nostalgia de un pasado monástico ya olvidado, sino como el presagio de un advenimiento, como el preludio a la «Tercera Edad» profetizada por Joaquín de Fiore[d], en la que el Espíritu actuará directamente sobre el corazón de los hombres.

Francisco y la unidad perdida

En el diseño mordiniano, Francisco representaba la *restauración de la unidad quebrada* entre el heroísmo y la contemplación, entre

---

importancia de Francisco, visto como una luz para la Iglesia.

[b]La región de Italia central conocida con el nombre de Umbría. Es la única región de la Italia peninsular que no tiene salida al mar.

[c]En *Metapolitica. La Roma Eterna e La Nuova Gerusalemme*, Iduna, Milán 2019.

[d]Joaquín de Fiore (ca. 1130-1202) fue abad cisterciense, fundador de la Orden florense y uno de los místicos y teólogos más importantes de la Edad Media. Su visión de la historia, inspirada en el Apocalipsis y el Evangelio de San Juan, se funda sobre la doctrina de las *tres edades*: la del Padre (el Antiguo Testamento, del hijo (la era de la Iglesia) y del Espíritu Santo (la edad futura de libertad y contemplación). Intérprete profético de la historia sagrada, Joaquín influyó profundamente en la espiritualidad medieval, la mística franciscana y muchas corrientes proféticas y apocalípticas posteriores.

Postfacio, por Aldo La Fata

la espada y el Evangelio, entre Roma y Jerusalén, y también el punto de convergencia de la tradición monástica (sacerdotal) y la caballeresca (real) en la síntesis superior del orden crístico del amor. El santo de Asís se convierte así en la figura de esa *caballería mística* que Silvano Panunzio, amigo y en cierto modo «maestro» de Mordini, llamará más tarde «arquetipo de milicia metapolítica». Milicia del Espíritu que no lucha contra la carne y la sangre, sino «contra los Principados y Potestades del aire» (*Ef* 6,12).

Mordini consideraba que el monacato de los orígenes era una forma de resistencia sagrada en el que el hombre, despojado de todo, reconstruía en sí mismo la *Ciudad de Dios*, mientras que la caballería nació para defender el orden temporal y sagrado contra el caos. Con Francisco, estas dos corrientes —la *vida contemplativa* y la *vida militante*— se reconcilian. El santo abandonaba la pequeña guerra del mundo para emprender la gran guerra del alma, y hacía de la pobreza una *realeza inversa*, de la humillación una forma de potencia redimida. Y es precisamente en esta transmutación donde está la clave de su «metapolítica». De hecho, Francisco no predicaba la huída del mundo, sino su *transfiguración*. Así, la Orden de los Menores[e] fundada por él es una ciudad espiritual diseminada en el siglo, un monacato sin muros, un imperio invisible de almas pacificadas. Es lo que Panunzio definirá como la *civitas interior*, cuyo fundamento es el orden jerárquico del amor: Dios en el centro, Cristo como eje, el hombre como instrumento de un retorno universal a la unidad perdida.

Para Mordini, Francisco es el último *rex sacerdos* de Occidente, porque reúne en sí la función solar de Cristo y la lunar de la Iglesia. Su sayo es la armadura del combatiente espiritual, su cuerda un yugo de amor que ata el ego al vínculo de la Cruz. La ascesis

---

[e] La Orden de los Menores, fundada por San Francisco de Asís en 1209, es una comunidad religiosa mendicante nacida para vivir el Evangelio en la pobreza, en la fraternidad y en la predicación itinerante. El nombre de «Menores» expresa el ideal de humildad y servicio: los frailes se consideran «menores» entre los hombres, siguiendo a Cristo pobre y crucificado. La Orden, aprobada por el papa Honorio III en 1223, se convirtió en una de las principales fuerzas espirituales y reformadoras del Medievo cristiano.

franciscana no es renuncia sino *transvaloración*. De la fuerza a la mansedumbre, de la conquista a la donación, de la potencia a la paz.

La perspectiva metapolítica

Ahora bien, para comprender la magnitud del mensaje mordiniano es necesario remontarse al concepto de *metapolítica*, que Silvano Panunzio definía siempre como «la prolongación de la metafísica en el orden de la polis[f]». Mientras la política es la ciencia de las instituciones exteriores, la metapolítica es la ciencia de las correspondencias interiores: es la visión del mundo que une al hombre con su *causa primera*, el tiempo en el Principio, la civilización con la Revelación. Y en esta luz, volver a la Ascesis significa reconocer que la *verdadera polis* no es el agregado social, sino el orden de los corazones iluminados por el Verbo. Allí donde la ciudad moderna ha sustituido al *templum* por la oficina, al hombre por la máquina, Mordini opone la figura de Francisco como *arquitecto invisible* de la Ciudad celeste.

Para él, Ascesis no es un *topos* geográfico sino un *axis mundi*: el punto en el que Occidente, en la hora extrema de su decadencia, puede encontrar todavía su rumbo hacia el Oriente eterno. Si la modernidad ha disuelto la idea de *sacrum imperium* reduciéndola a técnica y poder, el franciscanismo reafirma su significado trascendente: el poder como servicio, la realeza como humildad, la milicia como obediencia.

Entonces, Francisco, no es el héroe de la redención, sino quien funda la *polis del amor*. Su revolución es metapolítica porque desplaza la guerra del plano de las armas al del corazón, de la exterioridad de la conquista a la *interioridad del sacrificio*. La Ascesis franciscana es la «nueva Roma» de un mundo que todavía debe resurgir, como prefiguraba Panunzio hablando de la *Jerusalén civil*, la ciudad transfigurada en Espíritu, «donde el poder ya no es

---

[f] *Op. cit.*

dominio, sino orden angélico».

El eje Oriente-Occidente

En el pensamiento de Mordini, el eje entre Oriente y Occidente no es solo una línea geográfica o histórica: es la *columna vertebral del Cristianismo universal*. Representa la vía de retorno de la humanidad a su centro, el eje del mundo (*axis mundi*), que encuentra en la Encarnación su centro ontológico y teofánico.

El monacato oriental, con sus raíces esenias y su vocación gnóstica en el sentido más elevado del término, no es para Mordini un fenómeno marginal, sino el mismo fundamento de la *militia Christi*. El Esenio, el Caballero y el Fraile menor son figuras equivalentes de una misma función sagrada: el hombre que combate la guerra interior para restaurar la armonía entre lo humano y lo divino. En tal sentido, Mordini redescubre la continuidad profética que une a Elías, Melquisedec y San Francisco — una línea que atraviesa los siglos como *corriente subterránea de luz*, llevando al Occidente latino la herencia del desierto y de la Sabiduría oriental.

Panunzio había visto en este movimiento la «*translatio sacri*», es decir, el paso de la soberanía espiritual de Israel a la Cristiandad imperial, y de esta a la futura *Civitas Pneumatica*, la ciudad del Espíritu. Mordini ubica a Francisco en el corazón de este paso: él es el «traslador» por excelencia, el que lleva al Oriente místico al corazón de la Europa feudal y que revela, en el gesto de la desnudez, la verdadera *realeza del alma*.

El encuentro con el Sultán al-Kāmil, del que Mordini ofrece una de las interpretaciones más profundas de la tradición católica, no es para él un episodio de simple tolerancia, sino un signo metapolítico. Francisco y el Sultán se reconocen no como enemigos, sino como *testimonios de una única trascendencia*. Allí donde la Cruzada se había convertido en una guerra política, Francisco la transforma en una *cruzada interior*. Es el momento en el que la Cristiandad pasa del hierro a la llama, de la milicia de la sangre a la del Espíritu.

En el franciscanismo, Mordini entrevé el cumplimiento cristiano de la *jihad akbar* islámica, la «gran guerra santa» del alma contra el mal. Lo que en el Islam permanece velado, Francisco lo lleva a la plena luz de Cristo. Y es en este gesto de inversión y continuidad que se convierte en el *pontífice del eje Oriente-Occidente*, el mediador entre las dos mitades del mundo.

Su misión es la de hacer revivir en Occidente el principio de la *unidad de los contrarios*, de la cual hablaba Guénon: la unidad del sacerdote y del rey, del contemplativo y del héroe, del Evangelio y de la Espada. Con Francisco, la tradición monástica encuentra su rostro popular, su *cuerpo angélico* en el mundo. Es la victoria del Oriente interior en el corazón de la Europa gótica, de la pobreza como signo del Reino.

La misión franciscana y la escatología de la Iglesia

En el diseño teológico de Mordini, el franciscanismo no es un episodio, sino un *giro escatológico*. Francisco, escribe, «no reforma la Iglesia: la transfigura». Su obra coincide con la entrada de la humanidad cristiana en la última fase del ciclo, aquella en la que la salvación ya no pasa por la ley ni por el poder, sino por la *transparencia del Espíritu*.

En esto Mordini se acerca a Joaquín de Fiore, pero con una sobriedad católica y una lucidez histórica que lo alejan de todo entusiasmo profético. La «edad del Espíritu» no es para él una utopía, sino una realidad que empieza en el *interior del alma eclesial*: es la reforma silenciosa operada por los santos, por los contemplativos y los pobres.

El *Tercer Orden* franciscano, en esta perspectiva, es la prefiguración de la *sociedad pneumática*: una comunidad de laicos espiritualizados que viven en el mundo sin pertenecer a él, que hacen visible la Iglesia invisible. En él Mordini ve la matriz de la futura civilización cristiana, la *civitas cordium* que Panunzio llamará «Jerusalén civil», la última forma del Imperio espiritual antes del retorno de Cristo Rey.

Si en el monacato benedictino la perfección se realizaba en la clausura, en el franciscanismo se cumple en el peregrinaje: la santidad sale del claustro y recorre los caminos del mundo. El ideal de Francisco es, por tanto, una *ascesis abierta*, un monacato expandido en la historia, una *anacoresis social* que anticipa el cumplimiento escatológico de la Iglesia.

Su «paz seráfica» no es reposo, sino victoria. Es la paz de los resucitados, de los que han atravesado el sepulcro del mundo. En la *Verna*, Francisco recibe los estigmas como sello de esta victoria: el sufrimiento transmutado en luz, la cruz como portal del *Regnum Spiritus*. Panunzio habría dicho: «El dolor, redimido, se convierte en geometría celeste».

El franciscanismo, para Mordini, es, por tanto, la *forma visible de la metapolítica cristiana*. En ella la teología se hace civilización, y la civilización retorna a su fuente teológica. La *pax christiana* no es un tratado, sino una armonía entre cielo y tierra: el misterio de la *polis angélica* que debe surgir sobre las ruinas de la sociedad secularizada.

La metapolítica de Francisco

La metapolítica de Francisco no es una doctrina, sino una *vía*. Comienza en la desnudez y termina en la luz. Se abre con el gesto de la renuncia —el santo desnudo delante del obispo de Asís— y se cierra con la unión en la Crucifixión en La Verna. Toda su vida es una *transfiguración progresiva de la política en teofanía*: el poder se convierte en servicio, la acción en contemplación y la sociedad en comunión.

En Francisco se recompone lo que la modernidad ha roto: la verticalidad de lo sagrado y la horizontalidad de la historia. Él no suprime la *ciudad*, pero invierte su principio fundacional: de la competencia a la fraternidad, de la fuerza al amor, de la acumulación a la donación. Su «pobreza aristocrática» es el rostro cristiano de esa *aristocracia del corazón* que Panunzio veía como fundamento de todo renacimiento civil.

Por eso Mordini, en sus escritos maduros, reconoce en Francisco no solo un modelo espiritual, sino un *tipo universal de civilización*. En él Occidente reencuentra su propia raíz oriental, Roma renace como Jerusalén del Espíritu, y la historia, lejos de ser una línea de progreso, se revela como un círculo que vuelve al Principio.

Francisco es el punto de incandescencia en el que el Cristianismo vuelve a ser *metafísica vivida*. Su misión no es cerrar una era, sino abrir el camino de la última: en la cual el hombre, redimido, podrá vivir finalmente la ley del amor como ley de la ciudad.

En su saludo final —*Pax et Bonum*— está contenida toda la teología política de Mordini: la paz como bien supremo y el bien como única paz posible. Es la fórmula de la *polis de los santos*, la prefiguración de esa *Ciudad del Sol* que, según Panunzio, «no será edificada con las manos del hombre, sino que descenderá de lo alto, como esposa adornada para su esposo».

Volver a la Ascesis, por tanto, significa volver al Oriente del Espíritu, a la fuente del Verbo, al punto en el que la historia se hace transparente a lo eterno. Es aquí donde la metapolítica de Francisco se revela como la última sabiduría de Occidente: la sabiduría de la unidad, de la pobreza luminosa, de la guerra transfigurada en paz.

Conclusión

Mordini, en estas páginas, no habla sólo de Francisco: habla de nosotros, de nuestra civilización y de su prueba, Su invitación a «volver a la Ascesis» es una apelación a la *conversión metapolítica* de Occidente, que sólo puede salvarse volviendo a ser Oriente en el Espíritu. En el lenguaje simbólico del Medievo, esto significa reencontrar el *Sol de justicia* que ilumina la historia desde su principio, y reconocer que el verdadero poder, como el verdadero saber, no son más que *nombres del amor*.

Si la *crisis del mundo moderno* —parafraseando a Guénon— consiste en la pérdida del centro, la respuesta franciscana es el retorno al centro a través de la pobreza. Y si la historia de la civilización es un largo intento de reconstruir el Templo, entonces Francisco es la piedra viva de ese Templo restaurado en el Espíritu.

En su gesto de desnudez, Mordini vislumbra el símbolo supremo de la humanidad futura: una humanidad que habrá perdido todo, pero que por esto mismo estará lista para recibir *todo de Dios*.

– Aldo La Fata
Roma, octubre de 2025

Aldo La Fata | corrieremetapolitico.blogspot.com

Aldo La Fata (1964) se ocupa desde hace muchos lustros del esoterismo, simbolismo y mística religiosa, ha sido durante muchos años jefe de redacción de la revista de estudios universales *Metapolítica*, fundada por Silvano Panunzio y actualmente dirige la revista *Il Corriere Metapolitico*. Es autor, traductor y editor de numerosos libros, entre los cuales se encuentran *Silvano Panunzio: vita e pensiero* (2021) y *Nella luce dei libri* (2022).

Biografía de Attilio Mordini

ATTILIO MORDINI nace en Florencia el 22 de junio de 1923 y muere el 4 de octubre de 1966. Alumno de los padres Esculapios y de los Salesianos, en torno a los 15 años es víctima de un accidente con un tranvía que le provoca lesiones permanentes en una pierna. Debido a esta lesión podría haber evitado el servicio militar, pero en lugar de ello, con el estallido de la II Guerra Mundial se alista como voluntario en los repartos de la MVSN (*Milizia Volontaria per la Sicurezza Nazionale*). En su familia existía cierta tradición militar y, de hecho, su padre, Gino, fue coronel de la Milicia y un valeroso combatiente. Finalmente Attilio fue enviado a combatir al Frente del Este. Dentro de las tropas italianas destinadas al Frente Ruso acabaría integrándose en la IV división *Panzer-Pionier*, entonces adherida a la República Social Italiana, encuadrado en la Guardia Nacional Republicana. Una vez terminada la guerra vaga por Italia, al tiempo que es perseguido por los partisanos. Llega a Roma, ayudado por los Jesuitas y se convierte en secretario del padre Tondi. Al volver a su Florencia natal es reconocido, arrestado y sometido a un proceso judicial del cual saldrá absuelto. Sin embargo, al ser encarcelado había sufrido privaciones y maltratos que le hicieron que acabase contrayendo la tuberculosis, lo que se acabará convirtiendo en un lastre que arrastrará hasta el final de sus días.

Retomados los estudios, se licenció en lengua y literatura alemana en la Universidad de Florencia, en la facultad de Magisterio, bajo el germanista Vittorio Santoli, con una tesis sobre el gusto de los primitivos en Stefan George, que todavía permanece inédita. Al mismo tiempo seguía en Roma los cursos de la Universidad Gregoriana; lector de italiano en 1965 en la Universidad de Kiel, desarrolló conferencias sobre la obra de Dante.

Católico ferviente y ortodoxo y terciario franciscano, durante la posguerra estuvo entre los principales animadores del movimiento tradicionalista italiano. Escribió libros y artículos, promovió asociaciones y convenios, suscitó personalmente en Florencia un cenáculo de fuerte presencia cristiana, que llevó el nombre de *Maria Janua Coeli*.

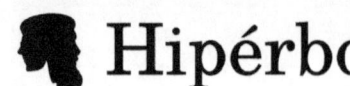

Hipérbola Janus
Otros títulos publicados

Attilio Mordini
El templo del Cristianismo: Para una retórica de la historia

«El templo del Cristianismo» es la obra más importante del autor tradicionalista italiano Attilio Mordini. Publicada originalmente en 1963 y reeditada sucesivamente en 1979 y 2006 en Italia, conoce su primera edición en lengua castellana. En ella hallamos un intento de análisis morfológico de la historia en clave tradicionalista y cristiana. Partiendo de los albores del Cristianismo, desde las mismas catatumbas, y a la luz del devenir de los siglos, nuestro autor construye una interpretación de la historia en la que un abismo va tomando forma entre el sentido originario del mensaje de Cristo y el Destino de los hombres.

Muchos elementos concurren en esta obra que son esenciales para comprender el pensamiento de Attilio Mordini. Desde la función del lenguaje, la importancia el arte y la arquitectura tradicionales, la importancia de la jerarquía o los principios teológicos que inspiran el mensaje divino tras el Verbo Encarnado. Lejos de encontrar un relato perdido en las abstracciones de la retórica teológica, hallamos una narración locuaz y dinámica que nos invita a la revalorización del elemento religioso y espiritual en el contexto de la vida moderna.

Págs.: 202
Fecha: 24/01/2017
ISBN: 978-1542706476

https://amzn.to/2jy4BrF

Attilio Mordini
El católico gibelino

La Tradición Perenne se ha nutrido de multitud de autores que han gozado de una extensión más o menos amplia en el ámbito bibliográfico y en distintas lenguas. Sin embargo, dentro de las corrientes sapienciales de la Tradición tenemos una diversidad de autores e ideas que representan interpretaciones más o menos particulares, cuyas doctrinas han sido, intencionadamente o no, postergadas y condenadas al ostracismo. Tal es el caso de Attilio Mordini, pensador tradicionalista italiano, muerto prematuramente a la edad de 43 años, pero que nos ha legado una interpretación católico-cristiana de la historia de un valor inestimable. El libro que tiene en sus manos es la primera obra de este autor que se publica en castellano.

La acción de la Providencia sobre la historia, la función del lenguaje y su valor eminentemente espiritual, como vehiculizador de la Verdad Revelada sobre el mundo o la concreción terrena y la plena realización a través del Sacro Imperio Romano. Se trata de esta idea de Imperio Universal, y el progresivo alejamiento de su realización, la que marcará la irrupción de la noche de los tiempos modernos. Se trata de los conceptos que articulan la esencia del pensamiento mordiniano, y que lo consagran como uno de los pensadores más importantes del tradicionalismo católico.

Págs.: 102
Fecha: 12/10/2016
ISBN: 978-1539492276

https://amzn.to/2e29vzU

Consulta nuestro catálogo completo en
https://**hiperbolajanus.com/libros**

Otros títulos publicados

Bruno Bérard y Aldo La Fata
¿Qué es el esoterismo?: Entre verdades y falsificaciones

Págs.: 210
Fecha: 06/02/2025
ISBN : 978-1961928220

https://amzn.to/42LWOdI

¿Qué es el esoterismo?: Entre verdades y falsificaciones explora los elementos que configuran el esoterismo en su esencia y particularidades esenciales, diferenciándolo de sus tergiversaciones modernas y visiones superficiales que suelen rodearlo. A través de un formato original, fluido y de gran dinamismo, entre Bruno Bérard y Aldo La Fata, se nos ofrece una reflexión profunda y accesible sobre la naturaleza del verdadero esoterismo y su conexión con las tradiciones religiosas, así como su papel como vía de conocimiento espiritual reservado a quienes buscan trascender a las formas externas de la religión.

La obra subraya la importancia de distinguir entre el verdadero esoterismo, caracterizado por elementos como la universalidad, el rigor intelectual o el enfoque trascendental de sus planteamientos, de las corrientes pseudœsotéricas que reducen a prácticas ocultistas, modas de New Age o formas de sincretismo análogas un conocimiento sapiencial y valioso. Inspirándose en figuras de la talla de René Guénon, quizás el mayor esoterista del pasado siglo, en las relaciones con la metafísica o diferentes tradiciones religiosas se nos suministra una guía para adentrarnos en los complejos avatares de la introspección espiritual.

Este libro no solo es una guía para los estudiosos del esoterismo, sino también una invitación al lector curioso para reflexionar sobre la espiritualidad, la trascendencia y las

Bruno Bérard y Annie Cidéron
¿Qué es la metafísica?: Entrevista con Bruno Bérard

Págs.: 148
Fecha: 20/06/2025
ISBN : 978-1961928329

https://amzn.to/40frab0

La presente obra es una introducción profunda y accesible al pensamiento metafísico tradicional, no dirigida a especialistas sino a cualquier lector que se haya preguntado alguna vez por el sentido último de la existencia, por el ser y el conocimiento. A través de un formato de entrevista-diálogo entre el autor y la entrevistadora, el libro despliega de manera clara, concisa y rigurosa los fundamentos de la metafísica como ciencia del principio, del ser y de lo absoluto, haciendo especial hincapié en su capacidad sapiencial y transformadora.

Bruno Bérard propone una metafísica abierta y accesible, planteada como un camino intelectual y espiritual vertebrado en torno a la intuición, el símbolo y la participación para acceder a lo real. Frente al racionalismo moderno, el cientifismo y el nihilismo contemporáneo, esta obra defiende la vigencia y actualidad del conocimiento metafísico como una vía de apertura al Misterio y la restauración de la inteligencia espiritual. Aquí, la metafísica no es un saber abstracto, sino una experiencia existencial profunda que exige silencio, humildad y predisposición contemplativa.

La obra se inscribe en una vertiente de la tradición y el pensamiento cristiano, que nos invita a adentrarnos en la metafísica como parte de una experiencia a recorrer, una guía para reencontrar el sentido profundo de la existencia en un mundo marcado por la confusión, el desencanto y la pérdida del principio.

Hipérbola Janus
www.hiperbolajanus.com

www.ingramcontent.com/pod-product-compliance
Lightning Source LLC
Chambersburg PA
CBHW020802160426
43192CB00006B/405